참고 살 만큼
인생은
길지 않다

참고 살 만큼
인생은
길지 않다

닥터 유스케의 **마음 처방전**

스즈키 유스케 지음 | 박연정 옮김

계단

당신에게는
살아야 할 이유가 있습니까?

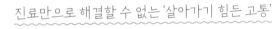

진료만으로 해결할 수 없는 '살아가기 힘든 고통'

필자는 도쿄에서 심료내과心療內科, 심리적 문제와 육체적 증상이 결부된 질환을 다루는 의학 분야로서 내과적 치료와 심리치료를 병행한다 클리닉을 운영하는 의사이다. 약 10년 전에 가까운 지인의 자살을 접하고 의료직 종사자의 정신건강 지원 활동을 시작했다. 그리고 얼마나 많은 이들이 '살아가기 힘든 고통'을 느끼고 있는지를 들어왔다.

다수는 질병으로 인해 원래 지니고 있던 '살아가는 힘'이 일시적으로 약해진 경우가 많았지만, 그와는 달리 영속적으로 이어지는 심각한 '삶의 고통'을 안고 있는 경우도 적지 않았다.

그런 사람들이 안고 있는 고뇌는 필자가 '의사'로서 진료실 안에만 있어서는 거의 해결할 수 없었다.

친구나 후배처럼 가까운 이가 발신한 구조신호를 의사가 아닌, 한 사람의 개인으로서 응답해 주는 형식으로 정신건강이라는 영역에 발을 들여놓았다. 그렇기에 진료실에서는 좀처럼 체험할 수 없는, 복잡하고 묵직한 관계 맺기를 하거나 잊을 수 없을 만큼 큰 상실감을 느끼거나 기적 같은 변화에 맞닥뜨리기도 했다. 이런 경험을 해나가다 어느덧 나도 모르게 그들과 함께 마주하는 것이 인생의 과업이 되어 버렸다.

그들이 안고 있는 근원적인 '고통'의 생생한 현실과 인생을 회복해 가는 선명한 변화를 옆에서 지켜보며 느꼈던 점을 SNS에 투고하거나 문장으로 옮기는 작업을 했다. 가장 반응이 높았던 글은 '자기긍정감'에 대한 트윗이나 칼럼이었다.

평소에는 아무렇지 않게 생활하는 것처럼 보여도 마음 깊은 곳에 심각한 고통을 껴안은 채 그 사실을 감춰가며 위태롭게 살아가는 사람이 상당히 많다는 사실 또한 알게 되었다.

예를 들면 이런 말을 했던 여성 환자가 있었다.

"선생님. 제가 왜 사는지 그 의미를 모르겠어요."

"아무리 생각해도 왜 살아야 하나 회의감이 들어요."

그녀는 이른바 '좋은 가정'에서 태어나 '명문대학'을 졸업한, 누구나 다 부러워하는 화려한 경력을 가진 이었다. 총명하고 지적이며 누구보다 열심히 노력했고 직장이나 거래처에서도 다방면으로 인정받는 사람이었다.

하지만 다른 이의 높은 평가에 비해 실상은 상상도 못 할 정도로 자기긍정감이 낮았다.

"스스로 자신감을 갖고 싶어서 계속 노력했어요. 다행히 가고싶었던 대학, 회사에 들어갈 수 있었죠. 하지만 마음이 놓였던건 바로 그 순간뿐이었어요. 지금도 뒤처지지 않으려고 필사적으로 애쓰며 살고 있죠."

"앞으로 행복해질 수 있을지 상상조차 되지 않아요."

울면서 힘겹게 전해준 그녀의 이야기는 '존재 그 자체만으로도 고통'을 껴안고 있는 것처럼 느껴졌다.

그녀는 '스스로의 이야기'로 살아가지 못하고 있었다.

자신이 아닌 누군가를 위한 인생을, 누군가에게 강요된 감정으로 살아가고 있었으며 앞이 보이지 않는 고통에 떨고 있는 것처럼 느껴졌다.

　이처럼 자신을 긍정하지 못하고 괴로워하는 젊은이들을 접할 때마다 이 시대를 행복하게 살아가는 것이 얼마나 힘든 일인지, 그리고 스스로의 이야기로 살아가는 것이 얼마나 필요한 일인지를 절실히 느꼈다.

사회가 윤택해지면
사람은 '살아갈 의미'를 잃어 버린다

　지구가 탄생하면서 인간은 항상 생존의 위기와 힘께 살아왔다. 전쟁, 기아, 질병, 차별처럼 생명을 앗아갈 위험성이 도사리고 있는 환경에서는 동물적인 생존본능을 발휘하면서 살아가는 것, 그 자체가 목적이 될 수 있었다.

　하지만 사회가 윤택해지고 생명에 대한 위협이 사라지면 '살아가는 것' 자체의 의미를 쉽사리 발견할 수 없게 된다.

　영국의 철학자 버트런드 러셀은 이렇게 말했다. "사람들의 노력으로 사회가 보다 나아지고 보다 풍요로워지면 사람들은 할 일이 없어지고 불행해진다."

사회가 풍요로워진다는 것은 사람이 모든 인생을 걸고 메꾸어 내야 할 '구멍'이 없어진다는 의미이기도 하다. 예를 들면 '국가', '사회', 무언가를 더 나아지도록 하기 위해 인생을 헌신하는 '대의명분'을 찾기 어려워진다는 뜻이다.

결국, 자신이 살아가야 할 동기는 스스로 찾아낼 수밖에 없는 상황에 이른다.

이때 필요한 것이 바로 '내 이야기 만들기'이다.

이제까지 자신의 인생에서 끊임없이 일어났던 사건에 자기 나름의 해석을 덧붙이는 작업을 말한다.

소중한 사람과 사별해서 도저히 아무것도 할 수 없는 슬픔에 잠겨있다 하더라도 '상실의 경험으로 얻은 그 무언가를 다른 사람을 위해 써야지'라고 생각하는 순간, 다시 앞으로 걸어 나갈 수 있다.

자신에게 일어난 사건에 관하여 스스로 납득할 수 있는 형태로 의미를 부여함으로써 좌절에서 다시 일어나 앞을 바라보고 걸을 수 있게 되거나, 성공 체험을 자신감으로 변화시킬 수 있게 된다.

그렇게 '자신을 편집해 나가는 작업'을 해나가면서 스스로의 삶이 들려주는 이야기를 이끌어낼 수 있게 되면 살아있는 의미를 알게 되고 비로소 평온하게 삶과 더불어 지낼 수 있게 된다.

스스로의 이야기를 납득한다는 것은 자신을 긍정하는 것과 거의 동일한 의미이다.

지금 그대로의 인생을 "이걸로 됐어"라고 수긍하지 못하면 타인의 가치관이나 기준에 의해 살아가야만 한다. 자신의 이야기를 만들어가는 것이야말로 자기긍정감을 형성하는 핵심이다.

"인간은 자신의 이야기에 매달려 살아간다."

임상심리학자 다카가키 주이치로高垣忠一郎 선생님의 말씀이다.

매달릴 이야기가 없으면 사람은 살아갈 수 없다. 아무리 그것이 불행한 이야기라고 해도 인간이 살아가기 위해서는 자신만의 이야기가 필요하다.

현대 시대에 삶의 고통을 느끼는 사람이 늘어가는 배경에는 이제까지 믿어왔던, '행복이 지속되는 이야기'가 그 누구에게도 들어맞지 않게 된 상황이 밑바닥에 웅크리고 있다.

불과 얼마 전까지 '언젠가는 고급 차를', '교외에 전원주택을 사서 대형견을 키워야지'라는 행복의 지침이 되는 명확한 성공 스토리가 있었고, 그런 스토리에 편승하기만 하면 누구나 다 행복해질 수 있을 거라 믿었다.

하지만 행복은 그렇게 단순한 것이 아니다.

미국의 경제학자 로버트 H. 프랭크는 "소득이나 사회적 지위, 집과 자동차처럼 타인과의 비교우위에 의해 성립되는 가치로 얻어지는 행복감의 지속시간은 무척 짧다"라는 사실을 증명했다. 다시 말해서 성공 스토리의 '성공'은 우리에게 영속적인 행복을 가져다주지 않는다는 것이다.

그렇다면 우리는 '행복하게 살아가기' 위해 어떻게 해야 할까?

'행복한 상태'를 잠정적으로 정의해 보면, '스스로 자아낸 자신의 이야기를 의심이나 허구 없이 마음으로 납득하고 온 힘을 다해 그 이야기와 관계 맺기를 하고 있는 상태'라고 생각한다.

죽는 그 순간까지 매달릴 수 있는 스스로의 이야기를 직접 살아낼 수 있다면 무척 행복할 것이다.

타인의 '잘 나가는 삶의 모습'이
눈에 들어오는 사회

그렇지만 현대사회에서 스스로의 이야기를 직접 살아내기란 정말 쉬운 일이 아니다. 인간이 접할 수 있는 정보량이 늘어가고 지성은 점점 높아짐에 따라 스스로를 속이기 어려워지기 때문이다.

다른 이의 행복에 겨운 '이야기'가 SNS에 흘러넘치고 모두 자신의 인생 이야기를 의심할 기회만 늘어나게 되었다.

우연히 눈에 들어온 정보나 누군가의 별것 아닌 한마디 때문에 이제까지 전력을 다해 만들어낸 자신의 이야기에 좀처럼 빠져들 수 없을 때조차 있다.

'자아 찾기'가 이토록 필요한 이유는 자신의 고유한 이야기를 발견하기가 무척 힘들다는 증거일지도 모른다.

이런 환경에서 누군가의 부정이나 자기비판을 참아낼 수 있는 이야기를 구축하려면 어떻게 해야 할까? 이는 모든 사람이 인생 차원에서 맞닥트리게 되는 어려운 문제이며 간단하게 말할 수 있는 문제도 아니다.

다만 적어도 '인생을 경주라 간주하고 계속해서 이기기만 하는 이야기'에 평생 매달리는 것은 정말로 위험하고도 위태롭다는 사실만큼은 확실하다.

왜냐하면 사람은 경쟁에서 계속해서 이길 수 없으며, 살아가다 보면 반드시 약자가 되는 순간이 찾아오기 때문이다.

'힘이 세', '머리가 좋아', '부자야', '대기업에 다녀', '명예가 있어', '아름다워'…

이런 것들이 모두 경쟁 세계에서 '가치가 있다'고 여겨지는 덕목이며 현대사회에서는 이를 갈망하는 것이 당연시되고 손에 넣는 순간, 많은 사람에게 칭송을 받는다.

하지만 이런 조건을 자기 삶의 이야기 속에서 중심에 자리 잡게끔 하면, 정작 그것을 잃었을 때 의지할 수 있는 핵심이 사라져 버리게 된다.

경쟁적인 가치관에서는 적당히 거리를 두는 것만이 자신의 이야기를 만들어갈 때 가장 중요하다고 생각된다. 세상에 떠다니는 가치관평가 기준을 반드시 충족시키지 않아도 "나는 이렇게 살아가"라며 스스로의 언어로 이야기할 수 있게 되면 적어도 불행한 인생은 없을 것이다.

자신이 '좋아하는 것'에 빠져들어야 하는 이유

앞서 소개했던 경우처럼 누구에게나 상냥하고 예의 바른, '좋은 사람'이고 싶어 하는 사람이 적지 않다.

그런 사람은 어린 시절에 자신의 감정을 솔직하게 표현하거나 타인에게 수용되었던 경험이 부족하다는 공통점을 가지고 있다.

자기 자신보다 자신을 평가하는 '그 누군가' 대부분의 경우는 부모의 감정을 우선시하는 습관이 붙어서 상대의 감정을 앞질러 느끼고 상대에게 수용되기 쉬운, 가장 최적의 반응을 이끌어낼 수 있는 감정만을 선택한다. 그렇게 해서 원래 자신이 느꼈던 감정은 저 마음 깊숙이 봉인시켜 버리는 것이다.

누구나 칭찬해마지 않는 '좋은 사람'인 척하면 일시적으로 인정받을 수는 있다. 그러나 스스로의 진정한 속마음을 인정받은 것이 아니기에 또다시 '누군가에게 칭찬받을만한 그 무엇'을 하지 않으면 불안에 빠져 버린다.

이처럼 타인의 감정을 우선시하는 삶의 방식에서 빠져나오기 위해서는 어떻게 해야 할까? 거리낌 없이 스스로 '좋아하는 것'을 찾아내서 추구하는 행위가 그 계기가 될 수 있다.

어느 지인은 이제까지 항상 '좋은 사람'이 되기만 몰두했고, 그 결과 주변 사람에게 신뢰를 받았다. 성가신 일을 모두 떠맡으며 결국 더 이상 스스로도 어쩔 수 없는 상태에 처했다.

　가족의 눈을 피해 상담을 다니면서 궁지에 몰린 상황을 벗어나게 해 준 계기는 바로 '스플래툰'이라는 게임에 푹 빠져버린 일이었다.

　또한 '살고 싶지 않아'라며 절망하던 어느 지인은 마음에 드는 음악 밴드를 만나게 되어 홀로 라이브 공연을 보러 갔을 때, 자신도 모르게 눈물을 흘리며 치유되는 경험을 했다고 한다.

　그들이 절망의 끝에 발견한 '좋아하는 것'은 다른 누군가를 위한 일이 아니라 스스로를 향한 감정 그 자체였을 것이다.

　그런 감정에 푹 빠져보는 것은 평상시 타인의 감정을 우선시했던 사람에게는 너무나 존엄하고 소중한 경험이 되는 동시에 자신의 존재를 긍정하는 계기가 된다. 그렇게 근원적인 치유로 이어질 수 있다.

인생을 지탱해 주는 건
'거짓이 없는 이야기'

스스로의 이야기를 만들어나갈 때 가장 경계해야 하는 현상 중 하나는 '어차피 난 안 돼'라는 생각이다.

자신만의 이야기는 이제까지 인생에서 일어난 사건과 그 해석에 의해 만들어진다. 아무리 멋진 '사건'이 있다 해도 그에 대한 해석이 부정적이라면 가치가 없어져 버린다.

자신의 이야기를 망치는 악마는 '해석'에 숨어 있다.

앞서 언급했던 그 여성은 이렇게 말했다.

"열심히 해서 꿈꾸던 대학에 들어갔어요. 그곳에 가면 스스로 변할 수 있을 거라 생각했지요. 하지만 그렇지 않았어요. 대학에는 정말 뛰어난 사람이 너무 많았어요. 나 자신이 별 볼 일 없다는 사실이 탄로 나지 않도록 애써 아닌 척하며 살았죠."

도달한 목표가 아무리 높다 해도 '어차피 난 안 돼'라는 결론에 이르는 해석을 내려버리는 것은 병적인 증상이다. 만일 입학한 대학이 하버드나 스탠퍼드라 해도, 그 병에 걸리면 결국 '난 안돼'라는 변함없는 결론에 도달해 버린다.

스스로의 이야기를 만들어갈 때 가장 중요한 점은 자신의 감정에 솔직해지는 것이다.

분노, 질투, 슬픔처럼 누군가에게 말하기 힘든 부정적인 감정도 있겠으나 인간이 느끼면 안 되는 감정이란 존재하지 않는다.

자신이 느낀 그대로의 감정만이 스스로에게 일어난 사건을 납득할 수 있는 해석을 가져다준다.

그 감정은 단순하게 정의 내리지 못할 수도 있다. 오히려 '이상하거나', '비뚤어진' 그 무엇일 수 있다. 하지만 자신만의 고유한 형태로 스스로 납득하고 수용할 수만 있다면, 그 누구에게도 비견할 수 없는 '강력한 이야기'가 형성된다. 결국, 자신의 이야기를 자아내는 것은 다름 아닌 스스로의 감정뿐이기 때문이다.

타인의 가치 기준, 누군가를 위한 감정이 중심에 놓인 이야기는 진정 내가 살아갈 힘을 가져다주지 못한다.

필자는 명확한 답이 내려지지 않는 지금 시대에서 사람의 마음을 움직이는 것은 '약한 사람의 이야기'라고 생각한다.

다양한 작품 속에서 '약한 사람'으로 등장하는 캐릭터는 어쩐지 유약하고 볼품없고 인간적이며 그런 이유로 지지를 받는다. 그 거짓 없는 리얼리티야말로 사랑스러움의 원천이며, 완벽하지 않은 우리 또한 '그래도 살아있어서 좋네'라며 안심할 수 있게 해준다.

살아있는 인간의 내면은 조각상처럼 매끈할 수 없다. 울퉁불퉁 비뚤어진 모양, 그것이 모든 인간의 진정한 모습이며 본질적인 매력 그 자체다.

자신의 유약함, 비뚤어짐, 미숙하고 볼품없는 부분을 인정하고 그것을 받아들이면 '거짓 없는 이야기'가 펼쳐진다. 그러한 이야기에 집중하면, 있는 그대로의 자신을 '이대로 괜찮아'라고 긍정할 수 있게 된다. 나아가 앞으로 오랜 세월에 걸쳐 인생을 지탱할 '유연한 강인함'이 생겨난다.

이 책에서는 '타인의 가치관이나 기준', '타인의 감정', '타인에게 쏟는 시간'을 버리고 '자신의 가치관이나 기준', '자신의 감정', '자신의 시간'을 발견하고 되찾아내기 위한 방법을 전하려 한다.

이는 결국 타인을 위해 필요 이상으로 인내하지 말고 진정 나답게 살아가기 위한 방법이라고 할 수 있다.

여러분이 자신의 기준에 기반하여 스스로의 이야기를 만들어 나가기를 마음속 깊이 기원드린다.

차례

첫 번째 처방
인간관계는 공정하고 편안해야 합니다

두 번째 처방
사회생활에 지칠 땐 내 마음 가는 대로 하십시오

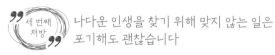

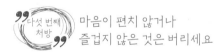

첫 번째 처방

인간관계는 공정하고
편안해야 합니다

살아가는 의미, 자기긍정감을 얻기 힘든
세상 속에서

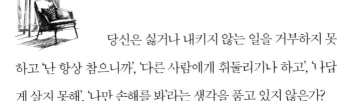

당신은 싫거나 내키지 않는 일을 거부하지 못하고 '난 항상 참으니까', '다른 사람에게 휘둘리기나 하고', 'ㄴ답게 살지 못해', '나만 손해를 봐'라는 생각을 품고 있지 않은가?

첫머리에서도 이야기한 것처럼 우리가 살아가는 이 사회는 평화롭고 물질적으로는 풍요롭지만, 자기긍정감을 얻기 힘들고 쉽사리 살아가는 의미를 찾을 수 없는 곳이다.

대부분의 사람은 다른 이나 사회가 정한 잣대를 받아들이고, 그것을 스스로의 기준보다 우선시하며, 필요 이상으로 참고 살기 때문이다.

우리는 날마다 사회로부터 수많은 메시지를 접하게 된다.

예를 들면 이런 말들이다. '좋은 학교를 나와서 좋은 회사에 들어가 출세해서 풍요롭게 사는 것이 승자의 인생'이라거나 '결혼해서 아이를 낳아야 비로소 어른', '이런 행복은 칭찬할 만하고 그런 행동은 꼴사납다'처럼 말이다.

이런 메시지를 통해 우리는 누군가의 가치관이나 기준, 삶의 방식을 일방적으로 강요당하며 때로는 '나답게 존재하는 방식', '나답게 살아가기'를 부정당하며 온갖 인내를 요구당한다.

마음과 몸이 온통 비명을 질러대도 "부모님이 그렇게 말하니까", "사랑하는 사람이 그러는데", "상식이니까", "회사의 규정이니까"라며 받아들이는 경우가 무척 많다.

'난 참고만 있어', '나답게 살지 못하는데'라고 인식하는 사람은 그나마 나을지 모른다. 실제로는 다른 이의 잣대나 가치관에 이미 물들어 있어서 스스로가 참고 있는지조차 알지 못하는 사람이 많다. 그들 대부분은 젊었을 때나 '승자'로 살아가는 동안에는 인생에 의문을 품지 않을 것이다.

그렇지만 어느 정도 나이가 들어가면서 문득 자신의 인생을 되돌아보았을 때, 혹은 이제까지 믿어온 가치관이 무너지는 상황과 맞닥트렸을 때 '이제까지 난 무얼 한 거지?', '내 인생은 과연 무엇일까?'라며 정체성이 붕괴될 정도의 충격을 받으면서 허무감에 휩싸이게 된다.

그렇다면 '다른 이나 사회가 결정한 가치관이나 기준'에서 해방되어 '자신의 가치관이나 기준'에 기반한, '나다운 인생', '나만의 이야기'를 되찾아오려면 어떻게 해야 할까?

무엇보다 필요한 것은 우선 인간관계를 다시 재정립하는 것이다. 인생에서 가장 중요하고도 가장 귀찮은 범주가 인간관계이기 때문이다.

사회에서 살아가기 위해 인간은 반드시 다른 이와 관계 맺기를 해야 하며 다양한 관계성이 생겨난다. 기쁨도 슬픔도 즐거운 일도 힘든 일도 그 모든 것은 사람과 사람의 관계로 초래된다. 당신을 성장시키고 평온함을 주는 관계성이 있는가 하면 당신으로부터 자유를 박탈하고 고통만 강요하는 관계성도 있다.

더구나 사회에서 개인에게 보내는 메시지조차 부모나 학교, 친구, 상사 등 인간관계를 통해 전달되는 경우가 많다.

다른 이의 잣대에 얽매이지 않고 살아가기 위해서는 그 인간 관계가 자신에게 '바람직한 것'인가를 정확하게 규명할 필요가 있다.

바람직한 인간관계는 공정하며 온화하다

바람직한 인간관계는 일방적으로 가치관을 밀어붙이거나 실수나 결점을 지나치게 책망하거나 한쪽만 손해를 보는 불공정한 거래를 제안하지도 않는다.

그런 인간관계의 비중이 높으면 '나는 나대로, 그대로 있어도 괜찮아', '결점투성이에 실패만 거듭하고 큰 성공을 거두지 못해도 나와 내 인생은 가치가 있어'라고 느끼게 되며 안정감을 유지한다.

더구나 스스로의 감각에 민감해지면서 무엇보다 자신의 기준을 우선시하며 내게 '좋은 것'을 받아들이고 '좋지 않은 것'을 멀리하면서 마음속으로 진정 바라고 선택한 것만을 옆에 두게 된다. 결국 기쁨이 넘치는, 진정한 의미의 행복한 인생을 살 수 있게 된다.

거꾸로 바람직하지 않은 인간관계는 타인의 잣대로 자신을 얽매고 스스로의 가치를 마음대로 판단하며 시간과 에너지를 빼앗기기만 한다.

그런 인간관계의 비중이 높으면 마음과 생활, 인생은 '타인이 강요한 것'으로 가득해져 버리고 항상 '나는 참아야 해', '나답게 살 수가 없어'라는 생각에 사로잡히게 된다. 살아가는 모든 날에서 아예 기쁨을 느낄 수 없는 지경에 이른다.

인생의 어느 지점에서는 '나는 뭘 해도 안 돼', '내 인생은 과연 무엇일까'라는 절망감과 허무감으로 괴로워하게 될지 모른다.

인간관계의 방식이나 기준을 다시 재정비하면 당신의 인생은 크게 변할 것이다.

그럼 어떻게 하면 당신이 바람직한 인간관계의 비중을 늘릴 수 있는지 구체적으로 살펴보자.

'자신과 타인의 경계선'이
불분명하면 삶이 힘들다

      인간관계의 방식이나 기준을 다시 점검하면서 바람직한 인간관계를 늘려갈 때 여러분이 무엇보다 우선해서 염두에 뒀으면 하는 점이 있다.

    그것은 '자신과 타인의 경계선을 분명하게 의식하고 지킨다'는 것이다.

    세계는 '자신이 책임지고 지켜야 하는 영역'과 '타인이 책임지고 지켜야 하는 영역'으로 크게 나눌 수 있다.

    예를 들면 당신의 마음사고과 몸, 생활, 인생은 당신이 책임지고 지켜야 하는 영역이다.

    물론 사람은 혼자서는 살아갈 수 없기에 타인의 영향을 받거나 타인의 힘을 빌려야 하는 경우가 있다. 그러나 필요 이상으로 타인을 관여시키거나 책임이나 권한을 완전히 타인에게 내어줘서는 안 된다.

한편 가족이나 친구처럼 아무리 친한 관계라 해도 타인의 마음과 몸, 생활, 인생은 그가 책임을 져야 하는 영역이다. 그곳에 당신이 필요 이상으로 침범하거나 책임을 지거나 권한을 빼앗아서도 안 된다.

하지만 실제로 '자신의 영역이 타인에 의해 침범'되거나 '자신이 타인의 영역을 침범'하는 일은 빈번히 일어난다.

가령 다음과 같은 일을 당신이 직접 자행하거나, 아니면 당신이 당한 것은 아닌가?

- "이런 건 상식이지", "사회인으로서 ~하는 건 당연해" "그 나이에 ~하는 건 아니지", "남자(여자)가 ~하는 건 아니야"라는 말을 입버릇처럼 한다.
- "내 말 안 들려?" 또는 "내가 ~하는 건 네 탓이야"라는 말이나 태도로 상대를 위협하거나 책망하고 무리한 요구를 하거나 어느 한쪽에만 이득이 되는 거래를 하려 한다.

- "쓸모가 없어", "재능이 없어", "인간성에 문제가 있어"라는 말로 상대방을 일방적으로 판단한다.

만일 짚이는 바가 있다면 주의가 필요하다. 이는 타인의 영역을 진흙 발로 밟고 들어가 스스로의 기준과 가치관, 요구를 밀어붙이며 상대방을 컨트롤하려는 행위이기 때문이다.

여러분 가운데 가족이나 친구, 동료 등 다른 사람이 문제를 일으켰을 때, 스스로의 일처럼 책임을 느끼거나 부탁을 받으면 거절하지 못하고 자기 일을 나중으로 미루면서까지 타인의 일을 도와주거나 모두 피하는, 영양가 없는 책무를 수락하는 사람은 없는가?

언뜻 보면 책임감이 강하고 상냥한 사람처럼 느껴질지 모르나 이는 모두 '자신의 영역을 정확히 지키지 못하는' 증빙이 되며, '타인 영역의 책임까지 떠맡아버리는' 상황에 이르게 되므로 주의가 필요하다.

이렇듯 자신과 타인의 영역에 침범이 일어나는 것은 '자신과 타인의 경계선'이 애매하거나 정확하게 기능하지 않았기 때문이다.

타인과의 경계선은
인생의 면역을 키워준다

눈에는 보이지 않지만 사람의 마음속에는 근본적으로 스스로의 영역과 타인의 영역을 구분하는 경계선이 존재한다.

하지만 이 경계선은 우뚝 솟아오른 벽처럼 타인을 막거나 거절하지 않는다.

유연성과 탄력성을 지니고 있으며 마치 신체의 면역기능처럼 다음과 같은 역할을 수행한다.

- 내부(자신)에 '좋지 않은 것', '불쾌한 것'이 침투되지 않도록 방어한다.
- 좋거나 유쾌하다고 느낀 것을 외부(타인이나 사회)에서 내부로 들여와 내부에 있는 '좋지 않은 것', '불쾌한 것'을 외부로 쫓아낸다.

경계선은 외부에서 들어오는 방대한 정보 가운데 당신의 자기긍정감을 훼손하는 말, 당신에 대한 제멋대로의 판단, 자기답게 살아가는 것을 방해하는 잣대, 당신에 대한 일방적이고 불공평한 요구를 정확히 선별하여 내부가 침해되지 않도록 지켜준다.

결국 경계선이 정확히 기능하는 사람, 타인이 경계선을 침범했을 때 단호히 대처할 수 있는 사람의 마음과 생활, 인생은 자연스럽게 '좋은 것', '유쾌한 것'을 중심으로 채워지게 된다.

그렇지만 세상에는 그 경계선이 애매한 사람, 경계선을 잘 못 긋는 사람, 경계선이 잘 작동되지 않는 사람, 침범해도 알아채지 못하는 사람, 침범은 알지만 거부하지 못하는 사람이 적지 않다. 특히 지나친 간섭, 가정폭력, 무시 등 부모와의 관계에서 어떤 문제가 있었던 사람은 그런 경향이 강하게 나타날 수 있다. 어릴 때 어쩔 수 없이 부모나 주변 사람을 돌봐야 하는 환경에서 자란 경우에는 곤란에 빠진 누군가를 가만두지 못하고 상대가 책임져야 할 영역까지 떠맡기 쉽다.

자신의 의견은 묵살되고 부모의 요구만이 일방적으로 강요되고 계속 영역을 침범당하게 되면 지켜야 할 자신의 경계선이 어디인지 알 수 없게 된다.

물론 가정환경과는 관계없이 단순히 "싫어"라며 거절하지 못하는 성격, 지나치게 선량한 성격, 타인에게 미움받는 것을 지나치게 두려워하는 성격 탓에 타인의 침범을 마지못해 허락해 버리는 사람도 있다.

그런 경우에는 다음과 같은 현상이 일어나기 쉽다.

- 타인(사회)이 정한 '~라는 상식', '~은 당연해', '~해야 해'라는 규정은 절대 지켜야 한다고 생각한다.
- 타인(사회)으로부터 부정적인 평가를 받고 스스로도 '나는 도저히 안 돼'라는 생각에 빠져 버린다.
- 티인(사회)으로부디 디무니없는 요구니 불공정한 기래를 제안받았을 때 저항하지 못하고 받아들여 버린다.

결국 자신의 마음과 생활, 인생은 그런 타인으로 인해 '좋지 않은 것', '불쾌한 것'을 중심으로 채워지게 된다.

한편 경계선을 쉽사리 내어주는 사람은 동시에 타인의 경계선을 침범하기 쉬운 사람이기도 하다.

이미 경계선이 애매하거나 경계선을 정확히 의식하지 않는데다가 누군가에게 경계선을 침범당한 데 대한 분노와 초조함을 무의식적으로 다른 누군가의 경계선을 침해하는 방식으로 해소하기 쉽다.

더구나 경계선이 애매하거나 정확히 기능하지 않으면 스스로를 책망하는 경향이나 타인을 공격하는 경향이 높아지기 쉽다.

자책하는 성향이 높은 사람은 자신이 짊어지지 않아도 될 타인의 책임까지 떠맡으며 스스로 '내가 잘못했어', '내 탓이야'라고 믿어 버린다.

예를 들면 진로, 직업, 결혼, 출산의 시기에 부모의 기대에 부응하지 못했을 때, 원래는 기대를 품었던 부모에게 문제가 있는데도 부모의 기대를 저버린 스스로를 책망하는 식이다.

혹은 온갖 정성을 다해 노력했는데도 상사가 부여한 과업을 달성하지 못했을 때, 원래는 지나치게 과도한 업무를 부여한 상사또는경영자의 방식에 문제가 있는데도 과업을 달성하지 못한 자신의 능력 부족을 책망하는 경우도 있다.

자책하는 성향이 높은 사람은 아무렇지 않은 타인의 말 한마디에도 자신이 책망받는다고 느끼며 스스로에 대한 평가가 내려가고 자기긍정감을 갖기 힘들어진다.

또한 자신의 책임을 넘어서는 영역까지 홀로 떠맡은 결과, 몸과 마음이 황폐해지고 결국 모든 것을 내팽개치는 경우도 적지 않다.

거꾸로 타인을 책망하는 성향이 높은 사람은 원래 스스로가 책임져야 할 부분까지 타인의 탓으로 돌려버린다.

분명 자신의 노력이 부족해서 업무를 달성하지 못했는데도 '어차피 그런 업무를 시킨 상사가 잘못했지'라고 생각하거나, 스스로의 언행 때문에 사람들이 회피하거나 멀어지는데도 '나는 잘못이 없는데 일방적으로 싫어하거나 따돌림당한다'고 생각한다.

주위에서 보기에는 그 사람에게도 책임이 있지만 오로지 주변 사람이나 사회의 탓으로 돌려버리는 것이다.

타인을 책망하는 성향이 높은 사람은
결국 불안도가 높은 사람들

"난 틀리지 않았어"라고 주장하기 때문에 얼핏 보면 자신감이 있는 것처럼 보이기도 하지만, 그 마음속에는 수많은 불안을 껴안고 있는 경우가 많다. 그 불안감을 해소하기 위해 소리 높여서

'스스로의 정당함'을 주장하고 타인을 책망하는 것이다.

이처럼 완전히 반대인 것처럼 보이는 자신에 대한 책망과 타인에 대한 책망의 뿌리는 동일하며, 모두 한 곳에서 비롯된 결과이다.

다시 말해 자신과 타인의 경계선이 애매하거나 스스로가 지켜야 할 책임 영역을 명확하게 파악하지 못했기 때문에 일어나는 현상이다.

자책 성향이 높은 사람은 원래 자신이 지켜야 할 영역을 보다 훨씬 넘어선 범위를 스스로의 책임영역이라고 파악하고 스스로를 책망하거나 살아가는 데 고통을 느끼게 된다. 반대로 타인을 책망하는 성향이 높은 사람은 원래 자신이 지켜야 할 영역보다 훨씬 좁은 범위를 자신의 책임 영역으로 규정하고 타인을 책망하며 '왜 내게만 이렇게 힘든 일이 생기지'라며 삶의 고통을 느낀다.

이제까지 살펴본 것처럼 자신과 타인의 경계선을 명확히 긋고 스스로가 지켜야 할 범위를 정확히 파악하고 침범당하거나 침해하는 행위를 막아내야 한다. 이는 삶의 고통을 줄이고, 타인의 잣대에 얽매이지 않으며, 스스로의 기준으로 살아가기 위해 반드시 필수적인 사안이다.

그렇다면 그 경계선과 자신의 영역을 지키기 위해서는 어떻게 해야 하는지, 상세한 방법을 다음 챕터에서 다루겠다.

터무니없거나
불공정한 거래를 요구하며
　　　　　경계선을 넘어오면 민감해지자

　　만일 당신의 삶이 고통스럽고 '나와 타인의 경계선을 잘 모르겠어', '경계선이 정확히 작동하지 않는데'라고 느껴진다면 무엇보다 우선 '타인이 내 경계선을 침범하는 행위'에 민감해져 보자.

　무엇보다 어떤 상태가 '경계선을 침범'하는 것인지 알 수 없을 때는 '불쾌, 유쾌'한 감각이나 상대방과의 접촉 후에 느껴지는 '개운치 않은 느낌'에 주목하는 것이 좋다.

　'어쩐지 기분이 안 좋네', '허무해', '헛수고야', '무시당한 것 같은데', '이용당하는 건 아닐까', '저렇게 말하는 건 좀 이상한데', '답답해'…

이처럼 견디내기 힘든 부정적인 감정이 느껴진다면 스스로 그 것을 정확히 인식하고 받아들여 보자.

가장 중요한 것은 그런 감정을 느낀 자신을 절대로 부정해서 는 안 된다는 점이다. '내 기분 탓일까', '내가 마음을 상하게 했 나', '나도 실수했을지 몰라', '그 사람이 그럴 리가 없어', '내가 도 움을 받고 있는데'라며 자기 탓을 하지 말라는 뜻이다.

이런 일이 있었다.

어느 친구와 술집에서 이야기 도중 어느덧 분위기가 무르익 어서 목소리가 커졌는데, 옆자리에 있던 사납게 생긴 남성이 시 끄럽다며 조용히 하라고 벌컥 화를 냈다. '목소리가 높아져서 죄 송하다'는 생각을 하면서도 상대가 말하는 방식에는 불쾌한 느 낌이 들었다.

그는 처음에는 차분하게 주의를 주고 그래도 듣지 않았을 때 언성을 높일 수도 있었다. 이런 경우에 '실수는 이쪽에 있지만 평 범하게 이야기를 해 주면 어떨까'라는 느낌을 받는다.

자신의 의사를 정확히 전하는 것과 상대를 불쾌하게 만드는 언동을 취하는 것은 완전히 별개의 문제이다.

불쾌한 말을 들었을 때 자신에게 잘못이 있거나 상대에 비해

약한 입장에 처해있으면 사람들은 자신도 모르게 '이런 말을 들어도 어쩔 수 없지'라며 상대방의 불쾌한 언동을 그대로 수용해 버리기 쉽다. 하지만 그것은 잘못이다.

이런 경우는 '큰 목소리로 불편을 끼친' 것은 이쪽 책임이며 상대방은 불쾌하다는 사실을 전하고 주의를 줄 권리는 있다. 그러나 '일부러 난폭하게 말을 했다'는 것은 그 사람의 책임이다. 이쪽에서도 불쾌감을 느꼈다는 사실을 전해서 주의를 줄 권리가 있다.

'큰 목소리로 불편을 끼쳤다'는 사실을 반성하는 것은 물론 중요하지만 그렇다고 해서 '난폭하게 말해서 불쾌감 느끼는' 것까지 받아들이고 수용할 필요는 없다.

당신이 어떤 부정적인 감정을 안게 된 사실은 당신의 영역 안에서는 절대적으로 옳은 일이며 그 누구에게 침범받지 않은 '진실'이다.

그러므로 '이런 감정을 느껴도 될까'라는 생각을 버리고 자연스럽게 솟아오르는 감정을 받아들이고 왜 그렇게 느꼈는지를 찬찬히 생각해 보자.

그렇게 하면 상대방의 언행이 자신의 경계선을 침범했다는 사실을 깨닫게 될 것이다.

또는 발생한 사건이 아닌, 상대방과의 관계 그 자체를 객관적으로 관찰하는 것도 좋은 방법이다.

'이 관계는 주는 것과 받는 것이 공평하지 않네.'
'나만 리스크를 떠안고 책임을 지고 있는 것 같은데.'
'상대의 주장만 듣는 느낌이 들어.'

이와 같은 '석연치 않은 그 무엇'이 느껴진다면 그 관계성은 공정하지 않을 확률이 높다.

만일 '상대가 건강이 나빠져서 당신이 돌봐주고 있는' 상황처럼 어떤 사정이 생겨서 일시적으로 공정하지 않은 상태에 빠진 것이라면 그 관계성이 평상시에는 공정한지, 장래에 공정함을 기대할 수 있는지를 생각해 보자.

다만 동반자 관계나 혈연관계에 한해서는 그 관계가 공정한지 판단을 내리기가 무척 어려워진다.
'사랑이 있는 관계'일수록 '사랑'이 눈을 멀게 해서 경계선을 침범하더라도 눈치채지 못하기 때문이다.

　동반자, 가족의 관계성에서도 자신이 석연치 않은 감정을 품었을 경우에도 '사랑하니까', '동반자니까', '가족이니까'라며 스스로의 감정을 부정하지 말자.
　사랑하는 사람, 가족이라도 석연치 않은 감정을 품는 것은 흔한 일이며 오히려 그런 감정을 솔직하게 서로 이야기할 수 있는 관계가 보다 더 '사랑으로 맺어진' 사이라고 할 수 있다.

　가족, 부부, 동반자라는 것은 단순히 관계성을 나타내는 이름에 불과하다. 그것이 진정 공정하고 건강한 인간관계를 담보하는 보증서가 되어주지는 않는다. 오히려 그 관계성을 나타내주는 이름에 매몰되어서 일방적인 요구를 강요하는 경우가 더 많을 수 있다.

　상대방의 언행이나 그 관계성에서 어쩐지 석연치 않은 느낌이 든다면, 그 단계에서 이미 자신의 경계선이 침범당하고 있을 가능성을 떠올려 보자.
　스스로의 감각이나 기분에 솔직해지며 마음이 들려주는 소리에 귀를 기울이면서 '내 영역을 넘어서고 있어'라는 확신이 든다면 그 사실을 확실하게 인식하고 받아들이자.

이제까지 인식하지 못했던, 아니 알아차리지 못한 것처럼 행동했던 타인의 침범에 민감해질수록 스스로가 무엇을 싫어하는지, 자신에게 필요 없는 것이 무엇인지, 내가 진정 무엇을 편하게 느끼고 무엇을 바랐는지를 알 수 있게 된다. 그렇게 비로소 '자신과 타인의 경계선', '지켜야 할 나 자신의 영역'이 명확해진다.

그것이야말로 타인사회이 내 영역을 침범하는 것을 방어하고 자신의 몸과 마음, 생활을 지키며 스스로의 기준으로 자신의 이야기를 살아가기 위한 시작, 너무나도 소중한 첫걸음이 된다.

또한 타인과의 경계선이나 지켜야 할 자신의 영역이 명확해지면 스스로가 타인의 영역을 침범하거나 타인의 책임까지 떠맡는 상황까지 피할 수 있다.

당신의 영역을 침범하는 사람에게서
멀어지는 3단계 방법

이제까지 살펴본 것처럼 자신의 이야기를 살아갈 때 가장 중요한 것은 인간관계의 방식이나 기준을 다시 재점검하면서 바람직한 인간관계를 늘리는 일이다.

그러기 위해서는 자신과 타인의 경계선을 의식하고 스스로 남의 경계선을 넘지 않아야 한다. 또한 상대가 자신의 영역으로 넘어오려 할 때는 단호하게 NO를 선언하며 스스로의 영역을 지킬 필요가 있다.

만약 그렇게 하지 못하면 당신의 영역은 금세 타인에 의해 침해되며 그는 당신을 마음대로 움직이려 할 것이다.

자신의 이익과 자존심을 지키기 위해 때로는 명확히 NO라 선언하며 '거절'해야 한다.

그것은 당신이 더 이상 참지 않고 몸과 마음 모두 온화하게 삶을 영위하며 스스로가 바라는 대로 살아가기 위한 가장 중요한 기술이다.

그러나 이런 이야기를 하면 많은 사람들이 "원래 강한 사람만 NO라 할 수 있지 않나요. 저한테는 무리예요"라거나 "상대방의 의견을 밀쳐내거나 요구를 거절하는 건 두려워요"라고 말하며 지레 겁을 먹는다.

물론 갑자기 익숙하지 않은 행동을 하는 것은 오히려 스트레스가 될 수도 있다. 이런 경우 우선 자신의 상태를 점검하고, 현재 수준에서부터 시작하여 점차 거절의 기술을 닦아나가는 과정이 필요하겠다.

우선 다음 장의 내용을 기준으로 하여 지금 당신이 타인과의 경계선을 어느 정도의 수준으로 지키고 있는지 확인하자. 그리고 상대의 요구에 어느 정도까지 NO라고 할 수 있는지, 최종적으로는 어느 수준까지 가고 싶은지를 체크해 보자.

NO를 말하기 어렵다면 점검하자!
당신의 '거절' 능력은 어느 수준인가?

수준1 직접 부탁받은 것도 아닌데 분위기상 상대방이 원하는

것을 알아차리고 지칠 때까지 그 일을 한다.

▶ 완전 오토 대기 상태

수준2 부탁받지도 않았는데 분위기상 눈치를 보다가 그 일을

하지만 지칠 때까지는 하지 않는다. ▶ 보통 대기 상태

수준3 어떤 부탁을 들어도 겉으로는 싫은 표정을 보이지 않고

흔쾌히 승낙한다. ▶ 기꺼이 상태

수준4 약간 주저하는 태도를 보이지만 결국 승낙한다.

▶ 약간 주저 상태

수준5 상당히 주저하는 태도를 확실하게 나타내지만 결국 승낙

은 한다. ▶ 떨떠름 상태

수준6 일단 원하는 일이 아니라는 사실을 표명하고 그 뒤에 다

시 요구하면 승낙한다. ▶ NO 장벽 한 겹 상태

수준7 일단 거절하고 다시 요구하면 재검토한다.

▶ NO 장벽 한 겹 반 상태

수준8 거절하고 다시 요구해도 넘어가지 않도록 노력한다.

▶ NO 장벽 여러 겹 상태

수준 9 단호히 거절한다. 상대방의 불만에는 귀를 기울이지 않으며 거절하는 태도를 관철시킨다. ▶ NO 철벽 상태

수준 10 단호하게 거절하고 상대방이 다시 집요하게 요구할 경우에는 반격해야 할 사안을 생각한다. ▶ NO 요새 상태

– 하세가와(長谷川) 정신건강연구소 자료, 필자 변경

수준 1~5까지는 타인이 경계선을 넘어오는 정도가 높다고 할 수 있으나, 만약 당신이 수준1의 상태라 해도 그다지 신경 쓰지 말자. 단숨에 높은 수준을 목표로 하지 않고 천천히 한 계단씩 그 수준을 높여가 보도록 한다.

수준 9, 10의 거절 방식을 실행할 수 있는 사람은 극히 드물며 반드시 가장 강력한 태도를 취할 필요는 없다.

가능한 범위에서 크게 무리하지 않고 NO라고 할 수 있게 되면 거절을 하거나 스스로의 의견을 전할 때 심리적 부담이 줄어들 것이다.

"수준을 올리는 건 너무 어려워요"라고 하는 사람이라도 표를 보면서 자신의 경계선을 넘어오는 것을 알아차리고 '싫어', '괴로워'라는 생각이 들었다면 그 느낌을 스스로 인정해 보자.

현재 자신의 커뮤니케이션 방식이 '내가 원하는 형태가 아니

다'라는 사실을 인정하는 것만으로도 언젠가는 NO라고 말할 수 있는 첫걸음을 떼는 셈이다.

한편 경계선을 넘는 것은 '일방적인 요구' 이외에도 '불쾌한 느낌'이 들거나 '상대의 가치관을 일방적으로 밀어붙이는' 행위처럼 다양한 형태가 존재한다.

이러한 행위에 대처하는 구체적인 방법당신의 영역을 침범하는 사람에게서 멀어지기 위한 스텝3도 소개하겠다.

STEP 1

제삼자에게 의논한다
〰〰〰〰〰

경계선을 침범당했는지를 정하는 것은 어디까지나 당신 자신이다. 만일 당신이 상대방의 언동에 석연치 않은 느낌이나 불쾌감을 느꼈다면 그것은 확실하게 경계선을 넘어온 것이다.

단, 처음에는 스스로의 '유쾌, 불쾌'한 감각을 모두 신뢰할 수 없기에 '내가 너무 신경을 쓰는 건 아닐까'라고 느낄지 모른다.

자책하는 경향이 심한 사람의 경우에는 상대방의 언동에 과도하게 반응해버리는 경우가 있다. 예를 들면 상대방은 전혀 신경 쓰지 않는데도 스스로 어쩐지 상대에게 피해를 주었다는 생각에 사과해 버리고 만다.

사과를 들은 상대방은 무슨 일인지 영문을 모르고 애매한 답변을 하거나 "무슨 일인데요?", "어떤 일인지 모르겠는데요"라고 대답할 수도 있다.

그런 상황에서도 '사과했는데도 안 받아주네'라는 생각에 더욱 자신을 책망한다. 심지어는 그런 상태에 빠지는 경우가 적지 않다.

만일 당신이 '내 감각을 믿을 수가 없이'라고 느낀다면, 석연치 않게 느껴지거나 불쾌감을 느낀 사안에 대해 솔직하고 객관적인 의견을 줄 수 있는 신뢰할 수 있는 제삼자와 의논해 보자.

STEP 2

감정을 전하려고 노력한다

상대방의 행위에 불쾌감을 느끼고 '경계선을 침범당했다'라고 느꼈을 때 상대방과의 관계를 완전히 끊어 버리는 것도 경우에 따라서는 나쁘지 않다.

상대방이 말을 해도 알아듣지 못하는 타입이거나 당신을 컨트롤하기 위해 일부러 경계선을 넘어온 것이라면 그 이상의 침범을 피하고 당신 스스로를 지키기 위해서도 아예 단절하는 것이 좋다.

단, 상대에게 악의가 없고 이쪽의 말을 이해해주는 경우, 그 사람과 가능하면 좋은 관계를 유지하고 싶은 경우라면 일단 지금 느끼는 감정을 솔직히 전해 보자.

이때 중요한 부분은 "그런 말을 들으면 저는 힘들어요", "그렇게 말하면 저는 슬퍼요"처럼 '나 메시지I-message'로 말하는 것이다.

'나 메시지'란 미국의 임상심리학자 토마스 고든이 저서『부모 역할 훈련』에서 제안한 커뮤니케이션 방법으로, '나'를 주어로 자신의 생각과 감정을 솔직하게 전하는 것이다.

이와는 반대로 상대방을 주어로 해서 말하는 방식을 '너 메시지You-message'라고 한다.

'너 메시지'는 비난이나 평가 등 상대방의 사고방식을 파괴하는 영향을 주는 경우가 많아서 '상대를 공격하는 방식'이 되기 쉬운 경향이 있다.

불쾌하다고 느꼈을 때 "(당신은) 왜 그런 말을 하나요?", "(당신이) 그렇게 말하는 건 좋지 않아"처럼 '너 메시지'로 말하면 상대방은 자신이 공격받는다고 느끼고 방어적인 대화를 하게 된다. 모처럼 용기 내서 말을 했는데도 당신의 마음이 전달되기 어려울 수 있으니 되도록 '너 메시지'는 피하도록 하자.

감정을 잘 전달하기 위해서는 그 밖에도 몇 가지의 기술이 필요하다. 간단한 요점은 아래와 같다.

첫째, 말힐 타이밍을 선택한다.

상대방이 바쁘거나 감정적일 때는 아무리 중요한 이야기를 해도 정확하게 전달되기 어렵다. 차분하고 온화하게 대화할 수 있는 타이밍을 살펴보자.

말하기 힘든 내용을 상대에게 전할 수 있는 타이밍을 놓쳐버린 경우에는 메모 또는 글이라도 좋으니 일단 한 번은 그 내용을 언어로 적어볼 것을 권한다. 나중에 다시 '그래도 내 감정을 전하고 싶어'라는 생각이 든다면 시간이 지나도 괜찮으니 전달해 보자.

"잠시 차분하게 이야기를 나누고 싶은데 시간을 내줄 수 있을까요?"라고 의향을 물어보고 상대방이 경청할 수 있는 타이밍을 만들거나, 보다 친밀한 상대라면 한 달에 한 번 정도 "약간 말하기 괴로운 일이라 해도 서로 이야기를 나누기 위한 시간을 가지자"라는 규칙을 만드는 것도 좋다.

둘째, 상대방에 대한 배려나 감사의 말을 덧붙인다.

본론에 들어가기 전, 이야기가 끝난 후에는 "바쁘실 텐데 감사합니다", "들어주셔서 감사해요"라는 말을 곁들여 보자.

갑자기 본론에 들어가는 것이 아니라 말 한마디를 덧붙임으로써 상대는 당신의 말을 더 잘 경청하려는 기분이 들 것이다.

무엇보다 '이런 이야기를 하는 것은 당신과의 관계를 소중하게 여기고 싶어서'라는 메시지를 어떤 형태로든 상대에게 명확히 전하는 것이 중요하다. 상대방이 방어적인 태도를 가지지 않고 진정 당신이 전하고 싶은 것을 받아들이는 데 도움이 될 것이다.

셋째, 전해야 할 내용을 좁힌다.

한꺼번에 여러 가지 내용을 전하면 진정 전달하고 싶은 내용을 알 수 없게 된다.

전달하려는 내용은 가능하면 단순화시키자.

넷째, 상대의 주장도 경청한다.

상대방이 어째서 당신이 석연치 않거나 불쾌할 수 있는 언동을 취했는지 그 이유나 배경을 들어보도록 하자. 그럼으로써 상대의 생각을 이해할 수 있고, 어쩌면 당신이 상대의 말을 오해했던 부분에 관해 알게 될지 모른다.

지금까지 감정을 전달할 때 유의해야 할 몇 가지 요점을 짚어보았다. 그런데 이런 기술이 유독 적용되기 힘든 경우가 있다. 부모와의 관계가 그것이다.

부모에게 끊임없이 영역을 침범당했던 사람이 감정을 전하는 방법을 배운 후, 오랫동안 하지 못했던 이야기를 갑자기 부모에게 쏟아붓는 경우가 적지 않다. 그렇지만 유감스럽게도 경계선을 침범해 왔던 부모는 마치 '게임 오버 후에 등장하는 더 강력한 감춰진 보스' 같은 존재이다.

가장 만만치 않으며 감정을 전달하기 쉽지 않은 데다가 어떤 시점에서 완전히 극복하지 않으면 절대로 앞으로 나아가지 못하는 경우가 많다.

당신이 새롭게 만난 사람들과 우호적인 인간관계를 구축해나가면 부모의 언동이 당신에게 주는 영향이 점점 더 작아지게 된다.

　부모에게 전하고 싶은 말이 있는 사람은 주위에 신뢰할 수 있는 사람과의 커뮤니케이션을 통해 '감정을 전하는 기술'을 연마하고 나서 시도해 보도록 하자.

STEP 3

상대를 'NO'로 분류한다

　당신이 성실하게 감정을 전해도 상대방이 들을 마음이 없거나 계속해서 경계선을 넘어오는 경우에는 그 사람은 '당신을 소중하게 여기지 않는 사람'이라는 사실을 인정하자.

　당신을 소중하게 여기지 않는 사람을 당신이 소중하게 여길 필요는 절대 없다.

　가령 부모나 친구, 동료라 해도 상대방을 주저하지 말고 당신의 마음속에서 'NO'로 분류해 놓고 거리를 둘 것을 강력히 추천한다.

　'NO'로 분류한 상대방에 대해서는 접촉하지 않는 것이 기본이다. '관계를 개선해야지'라는 생각을 할 필요가 없다.

'말을 걸어오더라도 한두 마디로 쌀쌀맞게 대답한다', '대화하면서 가끔 시계를 보는 척을 한다', '어떤 권유를 해도 절대 응하지 않는다', '답신의 빈도를 서서히 줄여나간다'와 같이 커뮤니케이션을 적극적으로 할 의사가 없음을 태도로 나타내고 확실하게 '대응하지 않겠다는 의사'를 보여주도록 하자.

상대방의 메일을 '스팸메일' 폴더에 분류해 놓고 눈에 띄지 않도록 하는 것도 하나의 방법이다.

당신의 경계선, 당신의 영역을 아무렇지도 않게 침범하려는 상대방을 존중할 필요는 없다. 되도록이면 그런 상대로부터의 정보를 차단하는 것이 당신의 마음을 온화하게 유지할 수 있으며 스스로를 지키고 감싸주는 행위로 이어지기 때문이다.

'당신의 영역을 침범하려는 사람에게 멀어지는 스텝3'는 이와 같다.

물론 사람은 모두 사고방식도 다르고 상대방과의 관계성에 따라 대처방식도 다르겠지만 '거절하는 태도 수준'과 3가지 스텝을 참고하면서 나날의 생활 속에서 조금씩 싫어하는 것에는 싫다고 말하며 스스로 멀어지는 기술을 연마해 보자.

때로는 타인을 싫어해도,
험담해도 좋다

자신과 타인 사이에 명확한 경계선을 긋거나, 선을 넘기를 반복하는 상대방을 'NO'로 분류할 때 방해되는 요소가 있다. 그것은 "다른 사람을 싫어해선 안 돼", "험담을 해서는 안 돼", "모두와 친하게 지내야 해"라는 '도덕적 사고'이다.

물론 타인의 결점이나 부족한 부분만을 보면서 '저 사람도 나빠', '이 사람도 나빠'라고 생각하거나 하루종일 누군가의 험담을 하는 것은 좋지 않다.

도덕적인 관점에서 하는 말이 아니라 그런 삶의 방식은 무엇보다 당신 자신을 행복하게 해주지 않기 때문이다.

다른 이의 결점이나 부족한 부분만 보고 있으면 타인에 대한 기대치가 높아지고 항상 초조해하며 마음속에 불만이나 분노가 점점 쌓여가게 된다. 그런 상태가 정신 건강상 나쁘다는 사실은 말할 필요조차 없다.

또한 그런 사람 주변에는 사람들이 점점 없어지게 된다. 결점을 들춰내며 험담만 하는 사람과 친하게 지내려는 사람은 별로 없다.

그렇지만 절대로 다른 사람을 싫어해서는 안 된다거나 절대로 다른 사람 험담을 해서도 안 되며 누구 하고나 잘 지내야 하는 것은 아니다.

어떻게 해도 맞지 않는 사람을 때로는 싫어하거나 험담을 하고 싶어지는 것은 인간의 당연한 속성이다.

어쩐지 위화감이 느껴지는 사람이 있다면

사람들은 각자 다른 사고와 가치관을 안고 있다.

모두 다른 사람이기에 가족, 동반자, 친한 친구처럼 아무리 가까운 사이라 해도 사고나 가치관이 완벽하게 일치할 수는 없으며, 사고나 가치관이 다른 이상 타인의 언동에 다소 위화감을 느낄 수밖에 없다.

위화감은 '이 사람의 생각과 가치관은 나와는 달라'라고 느꼈을 때 마음이 울려주는 경고음 같은 것이다.

느껴지는 위화감이 수용 가능한 범위 안에 있으면 괜찮겠지만 그렇지 않은 경우, 상대방에게 거북한 느낌이나 불쾌감, 혐오감을 안게 된다.

경고음은 몸과 마음이 "일단 멈춰 서서 찬찬히 생각해 보자"라는 메시지를 보내기 위해 울리는 것이다.

위화감을 자각하고 그 느낌을 인정하면서 '내가 왜 어디에서 위화감을 느꼈을까?'를 명확히 사고하는 것은 스스로와 타인을 보다 깊이 이해할 수 있는 큰 기회이다.

그 결과 '이 사람의 사고, 가치관의 차이는 허용범위에 있네', '조금 더 이 사람과의 관계를 지속하고 싶어'라고 생각된다면 상대방과 절충이 될 수 있는 방향으로 노력하고, 만일 '이 사람과의 차이는 어떻게 해서든 수용하기가 힘들어', '이 사람에게는 더 이상 다가가고 싶지 않아'라는 생각이 들었다면 스스로의 감각에 자신감을 갖고 상대방과 거리를 두자.

또한 후자의 경우 "왜 가까워지고 싶지 않다고 느꼈을까?"를 명확히 언어화하여 '가설'로 가지고 있으면 다른 인간관계에도 응용할 수 있다.

'타인을 잘 간파하는 사람'은 신중하게 그 과정을 진행하며 스스로의 내부에 법칙을 세워놓는다.

예를 들어 상대가 그다지 친하지도 않은데 쓸데없는 참견을 해서 위화감을 느꼈을 경우, 곰곰히 생각하며 다음과 같은 결론에 다다를 수 있다.

'나는 급격하게 거리를 좁혀오거나 억지로 친절하게 대하는 사람은 싫어. 왜냐하면 내 영역을 침범하는 불쾌감도 들고 생색을 내려는 느낌이 들어서야.'

'언뜻 보면 좋은 사람인 것 같고 내 몸과 마음에 상처를 입힌 것도 아닌데 친절한 것처럼 보여서 거부하기도 힘들고 불평도 하기 어려운 형태로 슬금슬금 내 경계선을 밟고 넘어오는 사람이 있어.'

스스로 법칙이 축적되면 이런 사람과 조우했을 때 처음부터 경계선을 넘지 않도록 거리를 둘 수 있게 된다.

그렇지만 "다른 사람을 싫어해서는 안 돼", "다른 사람 험담을 해서는 안 돼", "누구 하고나 잘 지내야 해"라는 도덕적인 사고는 위화감을 명확하게 인식하기 어렵게 훼방을 놓는다.

'다른 사람을 싫어하거나 험담을 하는 것은 나쁘다'라는 생각에 사로잡히면 마음은 위화감을 느끼는 것 자체를 아예 없었던 일로 치부해 버린다. 덧붙여 도덕적인 사고에 지나치게 사로잡히면 험담을 하거나 다른 사람을 싫어할 때 '난 별 볼 일 없는 인간이야'라는 자기혐오에 빠지거나 자기평가가 내려갈 가능성도 있다.

누군가를 내가 바꿀 순 없지만
누구와 교류할 것인지는 내가 선택할 수 있다

스스로의 경험이나 법칙이 쌓여가면 싫어하거나 험담을 하기 전에 상대하기 힘든 사람과 거리를 둘 수 있게 될 것이다.

그러나 아직 그 경지에 도달하지 않았는데도 그저 "다른 사람을 싫어해서는 안 돼", "험담을 해서는 안 돼"라며 맹목적으로 믿으며 자신의 마음속에 싹튼 위화감을 알아차리지 못한 척 지내다가 상대가 경계선을 침범하는 것을 허용하면서 점점 스트레스를 쌓아가는 것은 스스로를 속이는 행위이다. 그렇게 해서는 올바른 경계선을 규정하지 못하게 된다. 결국 성실한 인간관계를 쌓아갈 때도 부작용을 가져온다.

오히려 험담을 하는 것이 적어도 자신에 대해서는 정직한 태도이며 스스로를 속여가며 험담을 참는 사람보다 건강할 것이다.

더 나아가 "거짓말하지 않는 사람은 신뢰할 수 있다"라는 말도 과장된 면이 크다. 오히려 "타인에게는 약간의 거짓말을 해도 괜찮지만 자신에게 거짓말을 해서는 안 된다"는 것이 맞다. 상대하기 고통스러운 사람을 직접 대면해서 "힘들다", "싫다"라고 말하기는 쉽지 않지만, '상대하기 힘들어', '위화감이 느껴지네'라는 느낌은 자신의 내면 속 진실로서 확실하게 인정하는 것이 건강한 방식이다.

진정 힘들어하면서도 '나는 그 사람이 힘들지 않아'라고 믿어버리면 스스로의 내부에 왜곡이 생기게 되기 때문이다. 자신의 감정에 밀봉을 한 결과, 몸과 마음의 조화가 깨져버린다면 모든 것을 잃게 될 수도 있다.

우리는 어렸을 때부터 가정이나 학교에서 "모두 사이좋게 지내야 해"라는 말을 들으며 성장했기에 자신도 모르게 '싫지만 잘 지내야지'라는 생각을 품기 쉽다. 그러나 그것은 어린아이들 세계의 상식에 불과하다.

어른의 세계에서는 "좋은 사이는 아니지만 싸우지는 않는다"라는 상태가 더 흔하다.

사이가 좋지 않더라도, 마음속으로 싫어하더라도, 약간 험담을 하더라도, 밖으로 싸움만 하지 않는다면 그것만으로도 충분히 합격점에 도달한 것이다.

만일 누군가를 상대하기가 힘들다면 그가 가족이나 애인이라 해도 접촉하는 시간을 일단 줄이고 호감이 가는 사람들과의 인간관계 비율을 늘리면서 스스로의 몸과 마음이 어떻게 반응하는지를 충분히 느껴보자. 분명 자신을 둘러싼 세계가 튼튼해지고 있음을 알게 될 것이다.

상대방의 성격을 바꿀 수는 없지만, 자신이 관계를 맺는 인간관계의 비율은 자유롭게 바꿀 수 있다.

자신을 존중하지 않는 상대에게는 거리를 두고 반대로 소중히 여겨주는 상대를 보다 소중히 대해 보자.

그것이 스스로를 소중히 여기는 방법이다.

사과는 오로지 관계를
개선하기 위해서만 한다

타인이 자신의 경계선을 침범하는 상황에서 한 가지, 전해주고 싶은 이야기가 있다.

그것은 "누군가에게 사과할 때는 경계선을 넘지 않았는가 주의를 해야 한다"는 것이다.

가령 업무를 그르쳐서 동료나 고객에게 피해를 끼쳤을 때, 금전이나 인간관계로 문제가 생겨서 가족을 힘들게 했을 때, 스스로의 언동이 원인이 되어 친구나 연인과 싸웠을 때, 우리는 반성하거나 상대에게 사과한다.

'상대의 터무니없는 요구에 응하지 않았던' 경우라면 미안해할 필요조차 없겠지만, 자신에게 잘못이 있을 경우에 사과는 무척 중요한 과정이다.

단, 이때 고려해야 할 것은 사과의 이유이다.

대부분의 경우, 사과하는 첫 번째 이유는 "자신이나 주변 사람(가족, 연인, 가까운 친구, 동료 등)의 언행에 의해 어떤 불이익이나 불쾌감을 준 것에 대해 미안한 마음을 상대에게 전하고 싶다"는 것일 테다.

그렇지만 그 이면에는 '사과를 하지 않으면 상대의 기분이 가라앉지 않겠지', '사과해서 용서를 받고 싶어'라는 생각이 자리 잡고 있다.

문제는 '용서를 받고 싶다'는 마음으로 인해 상대방이 자신의 경계선을 넘어오는 것을 허용하고 인생의 주도권을 방치해 버리기 쉽다는 점에 있다.

'사과'는 '자신에게 잘못이 있음'을 인정하는 것이기에 아무래도 상대방에게 부채감을 느끼며 자신의 입장이 낮아진다. 세상에는 "진심을 담아 사과하면 없던 일로 하겠다"는 선량한 사람이 있는가 하면, 사과한 사람의 부채감과 그 이면의 용서받고 싶다는 마음을 이용하려는 사람도 있기 마련이다.

"미안하다고 끝날 일이라면 경찰이 왜 필요해", "미안하다는 생각이 들면 성의를 보여야지"라는 말을 하며 이런 심리를 이용하는 사람도 있는데, 예를 들면 일부러 차에 부딪혀 돈을 뜯어내는 사람이나 일부러 상품이나 서비스를 불평해서 가격을 흥정하거나 추가 서비스를 요구하는 사람의 경우가 그렇다.

또한 주변 사람을 가스라이팅하여 착취하거나, 심지어 범죄를 저지르게 만드는 일도 있다. 그런 경우는 모두 상대방이 부채감을 갖도록 하면서 서서히 그 사람의 사고와 생활을 지배해 가는 극단적인 사례이다.

이외에도 '사과하는 사람이 자신도 모르게 상대의 의도대로 움직이는' 경우는 주변에서 손쉽게 찾아볼 수 있다.

부채감을 이용하는 사람에게
당하지 않는 법

그렇다면 사과해야 할 일이 있을 때 상대방이 경계선을 넘어오지 못하도록 거부하거나, 요구에 대해 NO라고 거절하기 위해서는 어떻게 하면 좋을까?

무엇보다 중요한 점은 '마음을 담아서 사과하는 것'과 '상대에게 용서받는 것', '상대가 경계선을 넘어오도록 하는 것'은 완전히 별개의 문제라는 사실을 분명하게 인식하는 것이다.

사과나 반성은 자신사과하는 쪽의 영역이며 책임감을 가지고 수행해야 할 필요가 있지만, '용서'는 어디까지나 상대방사과받는 쪽의 영역이다.

이전에 어떤 사람이 "사과의 목적은 용서를 받는 것이 아니라 '관계를 개선하는 것'에 있다"고 가르쳐준 적이 있다.

상대방에게 끼친 피해나 손해를 인정하고 그 아픔을 진지하게 되돌아보는 것. 그다음에는 어떤 태도로 어떻게 행동하면 서로에게 보다 나은 상황이 될지를 대화하면서 고려하는 것.

그것이 공정한 사과의 방식이라는 것이다.

이때 중요한 것은 목표로 하는 지점이 '서로에게 보다 나은 상황'이라는 점이다. 한쪽이 스트레스를 느끼거나 불이익을 당하는 관계가 되어서는 안 된다.

어떤 문제가 발생해서 당신이 사과해야 할 입장이 된다면 미안하게 생각하는 바를 정확히 전달하고 반성하면서 고쳐야 할

점은 개선하려는 노력을 해야 한다. 그렇게 했는데도 상대가 납득하지 못한다면 무슨 이유로 풀리지 않았는지를 냉정하게 살펴보고 검토해 보자.

상대가 바라는 내용이 객관적으로 볼 때 타당하고 공정하며 당신이 무리 없이 응할 수 있는 범위 안에 있다면 받아들여도 좋다.

하지만 그렇지 않은 경우에는 상대와의 관계성 자체를 다시 검토해 봐야 한다.

사과를 하는 당신에게 필요 이상의 요구를 하는 상대와는 앞으로도 공정한 인간관계를 만들 수 없다.

또한 상대가 원하는 바를 검토할 때는 결코 그 사람에게 용서를 받아야 한다며 초조해하거나 필사적이 되어서는 안 된다.

만일 신뢰하는 제삼자가 있다면 그 사람에게 상황을 설명하고 의견을 구하는 것도 좋다.

마음이 약해져 있을 때는
자신을 판단하는 사람에게서 멀어져라

 인간관계에서는 또 한 가지 지켜야만 하는 철칙이 있다. 그것은 "마음이 약해져 있을 때는 자신을 판단하는 사람에게서 멀어지는 것이 좋다"는 사실이다.

필자의 주변에는 절망을 껴안고도 절절하게 인생을 다시 살아보려는 소중한 사람들이 있다. 그들은 앞으로 나아가기 위해 수많은 행동을 거듭해 나가며 여러 사람과 조우하기도 한다.

그러나 다른 사람과 만나기 위해서는 힘과 정신력이 필요하다. 특히 인생이 무너져내리는 상황 직전까지 갔다가 다시 재정립해야 할 때, 그의 체력과 정신력은 거의 바닥 수준까지 무너져 있다고 봐야 한다. 마음은 평상시의 몇 배 이상 상처받기 쉬운 상태로 민감해져 있을 것이다.

그런 상태에 처한 사람에게 기력은 귀중한 자원이며 함부로 소비해서는 안 된다.

다시 말해서 '누구와 만나는가'가 가장 중요한 사안이 된다.

만남 이후에 '만나서 정말 좋았어', '이번 만남으로 기운이 났어'라며 어쩐지 긍정적인 마음이 생기는 느낌을 주는 경우가 있는가 하면, '안 만나는 게 맞았어', '너무 기운을 뺐더니 피곤하네', '초조하고 절망스러워'라는 경험을 하는 사람도 있다.

유감스럽게도 세상에는 후자에 해당하는 사람이 더 많다.

그렇다면 마음이 약해졌을 때 만나면 좋은 사람은 도대체 어떤 사람일까?

간단히 말하자면, '기운이 없을 때 만나도 또 만나고 싶은 생각이 드는 사람', '자신을 지키지 않아도 좋은, 방어하는 데 힘을 전혀 쓰지 않아도 좋을 정도로 안심할 수 있는 사람'이다.

조금 더 구체적으로 특징을 기술하면 다음과 같다.

- 당신을 '판단'하지 않는다.
- 강한 표현을 쓰지 않는다.
- 거친 감정을 자극적으로 드러내지 않는다.
- 당신에게 '요구'하지 않는다.
- 100% 긍정적이고 밝은 사람보다는 30% 정도 '어두운' 그늘이 있는 사람이다.

　이런 사람에게 쓰는 시간이나 에너지 비율을 가능한 높여가면 건강한 인생과 감정을 다시 되찾는 시간을 줄일 수 있다.

　거꾸로 당신을 판단하려는 사람이나 강한 표현을 쓰고, 거친 감정을 자극적으로 드러내는 사람, 요구만 하는 사람, 지나치게 긍정적인 사람을 만나면 자신의 에너지를 헛되이 낭비할 수 있다.

　사람은 누군가의 시선에 노출되고 평가의 대상이 된다고 생각되면 방어적인 생리 반응을 나타내게 된다.

　입학이나 입사, 승진 시험, 면접이나 때로는 미팅, 맞선 때 자신의 마음과 태도가 어떤 상태에 놓였는지를 떠올려 보자. 대부분 무의식적으로 '부정적인 판단을 받지 말아야지', '긍정적인 평가가 내려지도록 행동하자'라는 마음을 먹게 되고 신경이 극도로 예민해진다.

'안심감'이나 '편안함'과는 완전히 정반대의 상태라 할 수 있다.

마찬가지로 자신의 감정과 의견을 나타냈을 때, "그건 아냐", "좀 이상한데"라던가 "그게 정답이야"라고 하거나 "정말 당신은 ~ 하군요"라며 쉽사리 판단을 내려 버리는 상대방에게 마음을 편하게 전달할 수 있을까? 대부분의 사람은 진심을 말하기는커녕 그 판단에 의해 상처받지 않으려고 엄청난 에너지를 소비하게 되기 쉽다. 결국 자신을 회복하고 치유할 수 있는 에너지가 부족한 상태에 빠지게 된다.

또한 강한 표현을 쓰는 사람, 거친 감정을 모두 드러내는 사람을 상대하다 보면 안심하면서 대화하기가 어렵다.

거의 요구에 가까운 격려와 충고를 전달하는 사람도 마찬가지다. 마음이 극히 약해져 있을 때 "기운 내요!", "힘내!"라는 말을 듣거나 "~하는 게 좋아"라며 일방적인 조언을 듣는다고 해도 순순히 받아들일 수가 없다.

게다가 지나치게 긍정적인 사람은 약해질 때로 약해진 마음에는 오히려 독이 될 우려가 있다.

'30% 정도 어두운 그늘이 있는 사람'이란 예전에 환자가 했던 표현인데 구체적으로 설명하면, 이미 다양한 고충이나 슬픈 경험을 했기에 나약하거나 추한 인간을 관용적으로 바라볼 수 있는 사람을 말한다.

인간은 모두 선하다고 굳건하게 믿으며 한없이 긍정적인 '빛'과 같은 사람을 힘들 때 만나면 너무 눈이 부셔서 오히려 고통스럽게 느껴질 수 있다. 한없이 긍정적인 사람은 '마음이 약해지는' 상태를 이해하기 힘들어하기에 '나는 왜 저 사람처럼 밝게 행동하지 못할까'라며 상처받거나 자극받기 쉽다.

기운이 없을 때, 약해져만 갈 때 다른 사람을 만나면 진정 다채로운 상황들이 보이게 된다.

노골적으로 자신의 우월감을 내세우는 사람은 논외로 하고, 선의로 격려하거나 여러 가지 충고를 해주거나 많은 배려를 해주는데도 '고맙지만 왠지 내 뜻과는 다르다'고 느껴지는 경우가 있을 것이다.

그 감각을 소중히 여겨야 한다.

"나는 괜찮아", "문제없어!"라고 자신감을 보여주기만 하는 상대라면 그 사람을 우선해서 만날 필요는 없다.

거칠게 표현하자면 누군가의 절망을 현명하게 함께 해 줄 수 있는 상대는 '지금 괴로워하는 '당신'과 그 이야기를 듣는 나'는 다른 고통을 안고 있지만 본질적으로는 같다'라는 사실을 마음 속으로 이해할 수 있는 사람이다.

그들은 타인을 평가하지 않고 의견을 강요하지 않는다.

그리고 상대가 진정 바라는 것이 무엇인지를 이해하고 있다.

마음이 약해졌을 때 가장 먼저 만나야 할 사람은 그런 사람 이다.

진짜 힘들 때 만나야 할 사람은 나를 긍정해 주는 사람

만약 지금 당신이 자신과 인생에 절망하고 있으며 몸과 마음 의 건강이 거의 바닥에 떨어져 있다고 해 보자.

그럴 때 당신에게 무엇보다 필요한 것은 표면적인 위로나 격 려가 아니라 스스로 걸어온 길과 지금 느끼는 바를 있는 그대로 긍정해 주는 것이다.

예를 들면 당신이 '죽고 싶어', '난 엉망진창이야, 가치가 없어', '사라져 버렸으면 좋겠어'라는 생각이 들어서 이런 말을 입 밖으 로 꺼냈다고 해 보자.

분명 상대방이 해주는 "그런 말 하지 마", "넌 가치 있는 사람이야"라는 말은 마음에 와닿지 않을 것이다.

당신의 마음과 이제까지 노력하며 살아왔다는 사실을 상대방이 '좋다', '나쁘다'라고 판단하지 않으며 있는 그대로 온전히 받아들여 줄 때, 당신은 비로소 안정감을 느끼며 '어떻게 하면 좋을까', '어떻게 되길 원하는 거지', '앞으로 어떻게 해야 하지'라는 생각을 할 수 있게 된다.

그 사람이 경험했던 세상은 결국 그 사람밖에 알지 못한다.

그 상황을 알지 못하는 타인이 자신이 이해할 수 있는 범위 안에서 억지로 축소시키거나 판단하는 것은 상대방의 인생과 존엄함을 침범하는 행위가 되며 이제까지 쌓아온 안정감이나 신뢰를 한순간에 붕괴시켜 버릴지 모른다.

"상대방의 인생과 지금 느끼는 바를 있는 그대로 긍정한다", "다른 사람의 인생을 그 자체로 존경한다"는 것은 무척이나 어려운 일이며 그렇게 실천하는 사람은 한정되어 있다. 결국 마음이 약해진 사람은 '만날 수 있는 사람'이 점점 줄어들어 버린다.

"너만은 내 괴로움과 절망을 이해해 주었으면 해"라며 믿어온 상대방이 믿음직한 태도를 보여주지 않거나 멀어져 간다면 그 실망과 고통은 이루 말할 수 없는 정도가 될 것이다.

그리고 '애써서 다른 사람을 만나봤지만 결과적으로는 더 힘들어지고 실망'하는 과정이 거듭되는 사이에 조금씩 타인과 소원해지게 되고 옆에 '아무도 없음'을 느끼게 되기도 한다.

그렇지만 '절대적으로 안심할 수 있는 상대'를 찾지 못했다 해도 '상대적으로 안심할 수 있는 상대'를 찾는 것은 무척 중요한 일이다.

마음이 약해진 자신을 완벽하게 이해해주지 않아도 좋다.

그저 열심히 내 인생과 내 생각을 경청하며 받아들여 주는 사람. 그런 사람과의 시간을 거듭해 나가면 분명 자신의 마음과 인생을 다시 튼튼하게 세우기 위한 기반을 얻게 될 것이다.

두 번째 처방

사회생활에 지칠 땐
내 마음 가는 대로
하십시오

회사, 직장에서의 인간관계가
인생의 방식을 좌우한다

 이제까지 인생, 마음, 생활을 스스로의 언어, 기준, 호감 가는 사람으로 채워나가는 과정의 소중함, 또한 타인과의 경계선, 자신의 영역을 의식하는 행위가 얼마나 중요한지를 이야기했다.

'회사나 사회에 지친 사람을 위한 처방'에서는 특히 '회사에서의 인간관계', '사회의 환경이나 잣대'에 대해 생각해 보려 한다.

어렸을 때 인간관계의 중심은 가정과 학교이며 아이들이 인격과 가치관을 형성할 때 큰 영향을 끼친다. 그렇지만 아이들은 부모가정나 학교를 주체적으로 선택할 수 없으며, 엄격한 환경 속에서 스스로의 몸이나 마음을 바르게 지킬 기술도 지니고 있지 않다.

　카드 게임에서 처음에 받아든 패가 불리하면 아무리 애써도 불리한 게임으로 흘러갈 수밖에 없듯, 가정이나 학교의 환경이 바람직하지 않을 경우 그 사람의 인생은 혜택받은 환경에 처한 사람보다 어려운 상황에 놓이기 쉽다.

　안타깝지만 이런 관점에서 사회는 불공평하다고 할 수밖에 없다.

　아이가 성장해서 사회에 나가면 인간관계의 중심은 '회사, 직장'으로 이동한다.

　대부분은 학교생활이 끝난 후 취직한 회사에서 '사회인으로서' 살아가기 위한 기준이나 기술을 배우며 하루 24시간의 삼 분의 일 이상을 직장에서 지내게 된다.

　직장은 어른이 된 이후의 생활이나 인생의 토대가 되며, 직장의 인간관계는 가정이나 학교의 인간관계와 동등하거나 그보다 더 중요하다고 할 수 있다.

　직장에서의 인간관계의 기준이나 환경을 다시 살펴보는 것은 지나치게 참지 않으며 행복한 인생을 지내려 할 때 필수적인 과정이다.

선을 넘어오는 사람을 막지 못한
비극적인 결과

세상에는 진정 사람을 소중히 여기는 직장에 다니거나 부당하게 자신의 영역을 침해받지 않고 행복하고 평온하게 살 수 있는 사람이 있는가 하면, 끊임없이 선을 넘는 경영자나 상사, 동료, 거래처에게 자신의 영역을 침범당하거나 때로는 몸과 마음, 생활, 인생이 파괴되는 사람도 존재한다.

필자에게는 잊으려 해도 잊을 수 없는 일이 있다. 대학 시절에 항상 옆에 있었던 친한 친구의 일이다.

그 친구는 운동부 주장에 성적도 우수하고 친절하고 다른 사람의 매력을 발견하는 데 재주가 있으며 주변에는 항상 사람들이 넘쳐났다. 진정한 리더는 그 친구 같은 사람일 거라며 남몰래 동경했다.

하지만 대학을 졸업하고 마침내 의사로의 삶이 시작되려 하는 레지던트 시절에 그는 몸과 마음의 균형이 무너져 자살하고 말았다.

다른 조직과 마찬가지로 의료 현장에서도 자칫하면 레지던트나 신입처럼 '가장 약한 입장에 놓인 사람'에게 부담이 집중되기 쉽다. 나중에 알게 되었지만, 레지던트는 약 30%가 우울증에 걸릴 정도로 세계적으로 위험부담이 높은 직무라고 한다.

친구에게 무슨 일이 일어났는지, 왜 그런 환경에 방치되었는지, 상냥하고 선량하며 행복하게 살아갈 그 친구에게 왜 그런 일이 일어났는지 모든 것이 혼란스러웠다. 그 순간이 바로 필자가 정신건강이라는 영역에 흥미를 가지게 된 계기가 되었다.

또 다른 친구는 처음에 취직했던 회사에서 과중한 업무를 도맡아 하다가 몸과 마음의 균형이 완전히 무너져 버렸다. 친구의 상사는 "99점을 받아도 100점이 아니면 0점과 똑같은 거야"라는 말을 입버릇처럼 했고 그런 기준으로 부하들을 몰아붙였다고 한다.

당연한 말이지만 99점은 99점이지, 결코 0점이 아니다.

"99점은 0점과 똑같다"라는 것은 상사가 마음대로 정한 어떤 근거도 없는 잣대에 불과하며 필자의 친구도 사회에 나갈 때까지 그런 가치관을 가져본 적이 없었다.

하지만 그 친구는 너무 순수했기에 머릿속에 상사의 말이 입력되어 버렸고 회사를 그만두고 나서도 한동안 그 기준에 얽매여서 고통을 받았다고 한다.

직장의 인간관계는 긴밀하며 영향력이 커서 어떤 환경에서 어떤 사람과 어떻게 관계를 맺는가에 따라 이후의 마음과 시간, 생활방식이 좌우된다.

다행인 것은, 이 책을 읽고 있는 당신은 이미 어른이며 다니는 직장이나 일하는 방식을 자유롭게 선택할 수 있다는 점이다. 어른은 아이들보다는 지식이나 경험이 축적되어 있기에 바람직한 인간관계를 만들기 위한 기술을 익히기도 쉽다.

물론 모든 사람이 바라는 회사에 들어가거나 원하는 부서에 배치되지는 않지만, 도저히 선택 불가능한 부모가정나 사는 지역, 학력, 부모의 경제력, 가치관 등에 따라 정해질 수도 있는 학교에 비하면 직장이나 일하는 방식의 선택지는 그 폭이 조금은 넓다고 할 수 있다.

만일 당신이 지금 다니는 직장의 인간관계나 환경, 기준에 불쾌한 점이나 개운치 않은 느낌이 든다면 일단 명확히 다시 살펴보자. 그리고 탐탁하지 않은 관계성이나 기준에는 서서히 마음속으로 NO라고 선을 그어 보자.

그런 상황에서는 아무리 노력해도 스스로의 경계선이나 영역을 지킬 수 없다고 느껴진다면 회사를 그만두거나 옮기는 등의 선택지를 빨리 찾아야 한다.

사회에는 당신의 성실함과 선량함을
파고드는 사람이 존재한다

우선 여러분에게 전하고 싶은 말은 "사회에는 불공정한 거래가 넘쳐난다"는 것이다.

우리는 매일 여러 가지를 다른 사람과 거래하면서 살아간다.

가족이나 연인, 친구와는 애정과 배려를 거래하고, 가게에서는 상품이나 서비스와 돈을 거래하고, 직장에서는 노동시간과 노동력, 능력, 아이디어와 월급을 거래한다.

세상은 이처럼 방대한 양의 거래에 의해 성립된다.

단, 거래는 항상 공정하게 이루어지지는 않는다. 비용에 걸맞지 않은 상품과 서비스는 셀 수 없을 정도로 많으며, 애정과 배려도 '한쪽만 애정을 쏟아붓고 다른 쪽은 애정이나 은혜를 원수로 갚는' 경우도 흔하게 찾아볼 수 있다.

특히 회사야말로 불공정한 거래가 가득 차 있는 곳이다. 직장에서 이런 상황에 맞닥뜨린 적이 있지 않은가?

- 이른바 '악덕 기업'으로, 권력 남용이 팽배하고 상사나 경영자가 과도한 업무를 지시하거나 대가 없는 야근이 지속된다. 일하다 보면 잠잘 시간도 별로 없다.
- 유명무실하고 의미도 없는 회의나 협의가 계속돼서 무턱대고 시간을 빼앗아간다.
- '가장 어리다', '여성이다'라는 이유로 모두 하기 싫어하는 잡무를 강요당한다.
- 상사나 동료가 업무를 간섭하거나 공적을 빼앗아간다.
- 선한 마음에 동료를 도와줬더니 자꾸 업무를 넘기고 실패한 책임까지 떠넘긴다.
- 의욕이 없는 부하직원 교육을 맡게 되어 업무에 방해가 되고 스트레스만 쌓인다.
- 클라이언트가 터무니없는 비용의 주문만 늘어놓는다.

그 밖에도 '편의점 아르바이트를 하다가 재고품을 사비로 처리하라는 강요'를 받았다거나 '외근하러 갔다가 업무가 길어지는 상황에서 비용을 알아서 처리'하라는 지시를 받았다는 이야기를 듣곤 한다.

모두 선을 넘는 이야기인 데다 직장에서의 불공정한 거래의 사례라 할 수 있다.

상사나 고객이라고 해서
불공정한 거래에 응할 필요는 전혀 없다

당신과 경영자, 당신과 고객의 관계는 서로 월급과 대가를 교환할 것을 전제로 그에 적합한 시간과 노동력, 능력 혹은 상품과 서비스를 제공한다는 공정한 거래 위에서 성립된다.

또한 당신과 상사, 당신과 동료 역시 서로의 이익, 서로의 행복을 위해 공정하게 시간과 노동력, 능력, 아이디어를 거래하는 관계 위에서 성립된다.

그래야만 진정 건전하고 공정한 인간관계라 할 수 있다.

하지만 업무를 지시받는 사람들은 종종 경영자나 고객에게 불공정한 거래를 요구받거나 인내를 강요당한다.

세상에는 '나만 이익을 보면 돼', '내 존재감이 두드러져야 하는데, 그러기 위해서는 다른 사람을 짓밟아야 해', '좀 더 편하고 싶어', '나만 안전하면 돼', '나보다 잘난 인간은 용서가 안 돼'라는 생각을 가지고 당신의 성실함과 선량함, 죄악감, 낮은 위치를 파고들어 이용하려는 사람이 반드시 존재한다.

그들은 '회사원은 ~해야 해', '관리직은 또는 부하직원은 ~ 해야 해', '손님은 왕이야'라며 일방적인 기준을 밀어붙이며 당신의 영역을 아무렇지 않게 침범한다. 나아가 당신의 시간과 노동력, 능력을, 더 나아가서는 당신의 가치관과 기준, 행복하고 평온한 생활, 인생 그 자체마저 빼앗아 버린다.

지금까지 당신은 어쩌면 그런 사람들의 기준을 의심 없이 그대로 받아들이고 '회사원이 원래 그렇지', '나는 관리직이니까, 나는 부하직원이니까 어쩔 수 없지', '일을 하청 받는 입장이니 할 수 없어'라며 불공정한 거래와 선을 넘는 상황에서도 얌전히 받아들였을지 모른다. '그래도 나를 믿어주는 게 어디야'라며 스스로를 위로하면서 말이다.

안타깝게도 불공정한 거래가 거듭되고 나면 결국 당신과 그 불공정한 거래를 가져온 상대방에게도 반드시 후회할 시기가 찾아온다.

어떤 후회가 기다리고 있는지는 다음 챕터에서 상세히 이야기하겠다.

'행복한 인생을 포기할 것인가', 아니면 '스스로의 마음이 이끄는 것'에 눈뜰 텐가

'중년의 위기'라는 말을 아는가?

이는 30대 후반에서 50대에 걸친 중년기에 찾아오는 심각한 정신적 위기를 말하며 남녀를 불문하고 약 80%가 경험한다고 한다.

예를 들면 '경쟁에 이겨서 좋은 학교, 좋은 회사에 들어가서 출세하는 것', '일하면서 조금이라도 돈을 더 많이 벌어서 풍족하게 사는 것', '자신의 시간이나 생활을 이따금 희생해서라도 회사나 사회에서 원하는 인재가 되어 이익에 공헌하는 것'을 '옳다'거나 '행복'이라고 믿고 살았던 사람이 인생 후반부에 이르러 이제까지의 삶에 의문을 품거나 가치가 없다고 느끼는 경우가 있다.

동시에 '나답게 살고 싶어'라는 의식이 높아지고 '지금 내가 하는 일이 나 자신이 정말 바라는 걸까?', '보다 나은 방식이 있지 않을까?'라며 자신의 인생과 삶의 방식, 그리고 그 의미를 반복해서 되묻게 되는 것이다.

더구나 중년기에 다다르면 젊을 때에 비해 체력과 기력, 기억력, 겉모습이 쇠잔해갈 수밖에 없다. 이제까지 의지했던 '반드시 승리하는 공식'은 먹혀 들어가지 않게 되고 능력의 한계치를 느낄 때도 많아지게 된다.

결국 '나는 회사나 사회에 필요한 사람이 아닌 걸까'라는 생각에 빠지고, 자신의 존재감과 미래에 대한 불안감이나 공포감에 휩싸여 괴로워하기도 한다.

동시에 '인생은 기한이 있고 건강하게 움직일 수 있는 시간도 한정되어 있는데'라며 뼈저리게 느끼고 '앞으로 이제까지처럼 똑같은 방식으로 살아가는 게 괜찮을까?', '내 인생은 무의미하지 않은가?'라는 생각에 점점 더 빠져들어가게 된다.

이것이 바로 중년의 위기이다.

특히 인생의 전반기40대 무렵까지 열심히 노력하며 회사와 사회에 적응해 온 사람, 다시 말하면 '스스로에게 입력된 회사나 사회의 기준을 아무 의심 없이 순수하게 받아들여 온 사람'일수록 그 위기에 빠지기 쉽다.

그 결과 우울 상태에 빠져버리거나 어느 날 갑자기 일과 가정을 내팽개쳐 버리는 사람도 적지 않다.

우리는 어렸을 때부터 부모나 학교, 미디어를 통해 '올바르고 착한 아이'일 것과 '성공할 것', '이 사회에 보탬이 될 것', '경쟁에서 이길 것'을 목표로 교육받았고, 사회인으로서 일을 시작하면 '회사에서 요구하는 인재가 될 것, 회사가 원하는 가치를 만들어내는 것이 최선'이라는 가치관, 기준을 강요받는다.

하지만 그것은 '스스로가 진정 마음속으로 바라는 것', '자신에게 최선인 것'과는 일치될 수 없다.

물론 사회 전체의 경제를 움직여가기 위해서는 회사라는 형태가 필요하고 '회사나 사회의 기준을 스스로에게 어느 정도 입력해 두는' 것은 그 안에서 살아나가기 위해서는 얼마간 유용할 것이다.

그렇지만 너무 과도하게 입력해서 스스로의 가치관을 완전하게 대체하거나 인생의 주도권을 방치하고 있다면 심각하게 고민해 봐야 한다.

나중에 상세하게 기술하겠지만, 회사나 사회의 가치관, 기준은 결코 당신에게 진정한 의미의 행복을 가져다주지 않는다. 그들은 기본적으로 경쟁 원리에 기반하기 때문이다.

경쟁에서 이기면 돈이나 명예를 쥘 수 있고 일시적으로 자기평가가 올라갈지 모르지만, 항상 '이번에는 실패할 수도 있어.', '실패하면 어쩌지?'라는 불안감이 수반되며 실제로 인간에게 '계속 이기는' 상황이 영원히 지속될 수는 없다.

경쟁에 이겨서 얻어지는 행복은 결코 계속 지속되지 않는다.

또한 회사나 사회, 혹은 '회사나 사회의 기준을 머릿속에 과도하게 입력시킨 타인'은 당신에게 '품질 좋은 톱니바퀴'가 될 것을 요구하며 그런 단선적인 가치관에 기반해서 당신을 일방적으로 판가름해 버린다.

회사나 사회의 요구에 따라가는 동안은 그 나름대로 좋은 평가를 받고 스스로의 승인 욕구가 채워질 수도 있으나, 경쟁에 패배하거나 일을 그르치거나 '결점'이 수면 위로 떠 오르면 그 순간, 당신에게는 엄격한 평가가 내려진다.

'회사가 요구하는 인재가 되자', '사회에 도움이 되자'는 마음 가짐도 중요하고 그것을 결코 부정하는 것은 아니다. 하지만 그런 마음가짐은 불공정한 거래에 이용되기 쉬우므로 반드시 주의가 필요하다.

더구나 젊을 때는 '회사에서 요구하는 대로 열심히 해서 보상을 받아야지'라는 계약관계에 함몰되기 쉬운데, 회사의 기준을 그대로 받아들이고 그 시스템에 올라타서 회사의 요구에 부응하는 능력이 있다는 사실만을 자신의 정체성으로 삼아버리면 인생의 어느 시점에서 반드시 후회를 동반하게 된다.

예를 들어 은행에서 융자를 담당하는 사람이 주변에서 "우수하다"는 평가를 받는다고 하자. 하지만 그 평가의 기반이 '취급하는 융자액이 크다', '융자에 대한 판단이 정확하다'라는 것뿐이라면 그 평가 이면에 담긴 의미는 단순히 '은행원으로서 우수하다', '융자의 기능, 회사에 도움이 되는 기능이 뛰어나다'는 것에 불과하다.

물론 기능이 뛰어나다는 사실은 자랑스러운 일이고 기능을 펼치면서 얻어지는 행복도 중요하다. 그렇지만 기능은 어디까지나 그 사람의 한 가지 면에 지나지 않는다. 대단히 환경 의존적이고 일시적인 것이다.

기능만을 떼어내서 칭찬한다는 것은 "차가 있으니 다니기 편하시겠네요", "아직 건강하시니 좋겠네요"라는 식의 칭찬과 다를 바 없다.

무엇보다 회사원으로서의 기능이나 가치, 평가가 아무리 높다고 해도 정년퇴직을 맞이함과 동시에 종료되어 버린다.

중년의 위기에 빠지지 않았다 해도 방심할 수 없다. 60대 이후에 갑자기 "당신의 인생에서 기능과 직업 이외의 기쁨이나 삶의 보람은 무엇인가?"라는 질문에 직면하는 경우가 대다수다.

취미다운 취미도 없이 60대가 되고 정년을 맞이하고 일에서 제외되었을 때, '내게는 일 이외에 하고 싶은 것이나 기쁨과 삶의 보람을 찾을 수 있는 게 아무것도 없네'라고 깨닫게 되는 사람이 적지 않다.

이런 경험은 불공정한 거래로 손해를 본 사람뿐만 아니라 회사나 사회의 기준을 이용하여 어느 정도 좋은 시절을 지내온 사람에게도 똑같이 찾아온다.

타인의 기준을 벗어던지지 않으면
자신에게 잘못을 저지르게 된다

중년의 위기나 정년퇴직 후 허무감에 휩쓸리지 않으려면 '회사나 사회가 옳다고 하는 가치관은 어디까지나 타인의 입장으로 세운 기준이며, 진정 스스로를 행복하게 해주지 않는다'는 사실을 알아차려야 한다.

그 기준이 본인에게 적합한지 어느 시점에서 분명 검증을 해 보고 '맞지 않다', '불쾌하다', '필요 없다'라고 느껴지는 관계성이나 기준에는 분명 NO라고 선언하고 자신의 기준에 기반해서 살아가는 길을 찾아야 한다.

더구나 이제까지 다양한 지인과 환자를 접하면서 느낀 것은 '중년기에 접어든 시점에서 스스로 행복한 인생길을 포기해 버리는 사람이 많다'는 사실이다. 그들 역시 타인회사나 사회, 부모, 가까운 사람의 가치관, 기준을 머릿속에 과입력시켜서 절대적인 것이라고 믿는다.

결국 그런 가치관과 기준에 적응하지 못하고 회사나 사회, 가까운 사람에게 부정적인 판단을 받으면 스스로를 '난 안 돼', '능

력도 매력도 없어', '행복해할 가치가 없지'라며 몰아쳐 버리게
된다.

당연한 말이지만 그건 큰 잘못이다.

그들이 생각하는 '행복'은 어느 한 시대에 이상적이며 추구해
야 할 하나의 모델로서 주장되었던 것에 불과하다. 지금 현재 이
시대를 살아가는 사람들에게는 적합하지 않으며 안정감을 주
지도 않는다.

오히려 그런 '가짜 행복'에 얽매이지 않을수록 보다 빨리 '자신
의 마음이 원하는 것'을 알아차리고 진정 그것을 추구해 가며 행
복을 얻을 가능성이 높아질 수 있다.

인생의 시간은 한정되어 있다.

스스로를 얽매는 타인의 기준을 끊어내 버리고 스스로의 기준
에 맞추어 다시 살아갈 시점은 빠를수록 좋다.

우리는 돈과 인내를 교환하기 위해
일하는 것이 아니다

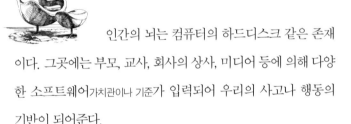

　　　　　　　　인간의 뇌는 컴퓨터의 하드디스크 같은 존재이다. 그곳에는 부모, 교사, 회사의 상사, 미디어 등에 의해 다양한 소프트웨어가치관이나 기준가 입력되어 우리의 사고나 행동의 기반이 되어준다.

　　입력된 소프트웨어는 이 사회에서 살아가는데 필수적인 것, 도움이 되는 내용도 다수 포함되어 있지만 이따금 필요 없는 내용이나 불량한 것, 컴퓨터에 맞지 않는 내용도 섞여 있어서 그것이 동작을 둔화시키거나 오류를 발생시키기도 한다.

　　'참는 것이 미덕'이라는 이름의 소프트웨어도 그중 하나다. '참는 것이 미덕'이라는 말은 타인이 참으면 자신의 상황이 좋아지는 사람들을 위한 편리한 잣대에 불과하다.

물론 사회에서 잘 살아가기 위해 인내라는 기술이 필요한 경우도 있다. 하지만 그 기술은 잠시 동안은 괴로울지라도 길게 보면 그것을 만회할 정도의 장점이 있을 때만 발휘되어야만 한다.

'참는 것 그 자체가 미덕'이라는 말은 엄청난 거짓말이다.

일반적으로 사람들의 '참는 기술'은 초등학교를 마치는 경험 정도로 충분히 구비된다. 게임으로 말하면 '수비력'만 뛰어난 상태인데, 그 기술만 더 높이는 것은 전투력 향상에 별다른 의미가 없게 된다. 수비력만 높은 캐릭터는 적의 공격을 한 몸으로 받아내는 샌드백이 되는 것이 게임의 정석인데 당신이 바라는 바가 과연 그것일까?

'인내'는 어디까지나 손에 들고 있는 카드 가운데 한 장일뿐, 모든 국면을 이겨낼 수 있는 만능의 패는 아니라는 사실을 알아야 한다.

하지만 현시대에서 많은 사람은 필요 이상으로 인내를 중시하고 너무 많이 참아내고 있다.

어렸을 때부터 가정이나 학교에서는 "인내심을 길러라", "다른 사람에게 해가 돼선 안 돼"라는 말을 들으며 '올바르고 착한 아이'이면 칭찬을 받고 제멋대로 굴면 혼나는 상황을 꾸준히 겪다 보면, '참는 것이 미덕'이라는 가치관이나 기준이 당연하게 몸에 배이게 된다.

누군가 강제하지 않더라도 알아서 힘든 일을 하고 노력하고 인내하며 아무리 괴롭더라도 스스로에게 휴식이나 즐거움을 주지 않는 경향에 빠져 버린다.

잔업수당이나 급료도 충분히 받지 못하는 악덕 회사에서 과도한 업무에 시달리며 압력을 받고 몸과 마음 모두 한계점까지 혹사당하는 사람, 고통만 남은 인간관계를 지속해 가는 사람이 너무 많다. 이 사실과 '참는 것이 미덕'이라는 배움과의 연관관계는 간과할 수 없다.

이러한 배움에 길들여진 사람들은 아무리 불합리한 상황에 놓여도 '나만 참으면 돼', '인생은 원래 그런 거야'라며 몸과 마음이 아무리 비명을 질러대도 '이 정도도 못 참으면 어떻게 살아', '아직 더 인내해야 해'라고 결론을 내린다.

지금껏 참고 살아온 자신에게 "아직 더 인내해야 해"라고 요구하는 것이 과연 정당한 일일까?

분명히 말하지만 그것은 잘못된 생존전략이며 대단히 위험한 상태로 스스로를 빠트리는 것이다.

꽁꽁 닫아놓은 뚜껑 아래
당신의 마음은 이미 들끓고 있다

인간의 뇌는 스스로가 불합리한 상황에 놓이고 힘들다고 느끼면 어떻게 해서든 편해지려고 한다. 힘든 상태를 '힘들다'라고 인식한 채 한없이 그 상황을 지속해 나갈 수 없기 때문이다.

그런 경우에는 '불합리한 상황을 바꾼다', '불합리한 상황에서 빠져나온다'라는 해결방법이 가장 건강하겠지만, 이를 실행에 옮기는 것은 무척 큰 에너지가 필요하게 된다.

상황을 바꾸려면 타인에게 어떤 행동을 해야만 하며, '익숙해진 환경을 버리고 새로운 환경에 다시 들어간다'는 사실에 대부분은 불안감이나 공포심을 품게 되기 때문이다.

그렇게 되면 뇌는 놀랍게도 고통스러운 상태에 대한 인식 자체를 바꿔 버린다. 즉, 괴로운 상태를 '괴롭지 않아', '이 정도면 아직 참을 수 있어'라고 느끼게 한다. 환경에 대응하거나 그런 환경에서 빠져나가는 것보다 더 편하다고 판단해 버리는 것이다.

어떤 감정을 표출하지 않기 위해 거듭 노력하다 보면, 그 감정 자체가 퇴화된다. 분노와 슬픔, 고통 등의 감정을 스스로 억누르거나 다른 사람에게 전하지 않고 참고 있는 동안 스스로의 욕구나 기분을 점점 더 파악할 수 없게 되는 것이다.

하지만 이런 현상은 그저 마음에 뚜껑을 덮고 있는 상태에 불과하다.

없던 일로 치부해 버린 '본래의 감정'은 미봉된 상태에서 계속 쌓여가고 서서히 압력이 증가해 가다 언젠가는 반드시 폭발하기 마련이다. "출근하는 지하철 안에서 갑자기 눈물이 나왔어"라는 식으로, 몸과 마음이 서로 불협화음을 일으켜 표면화되는 것이다.

스트레스에 의해 자율신경이 흐트러지고 '쉽사리 피곤해진다', '식욕부진이나 과식, 거식 현상이 일어난다', '잠을 못 자거나 너무 많이 잔다', '두드러기가 난다'거나 '위통, 설사, 어깨결림'처럼 몸에 증상이 나타나기도 한다. '우울한 상태에 빠져서 어떤 일에도 흥미나 기쁨을 느끼지 못한다', '뇌 활동이 저하되고 집중력이 떨어지고 사고가 정리되지 않는다', '사소한 일에도 초조해진다'처럼 마음에 증상이 나타나는 경우도 있다.

그런 현상은 "이대로 두면 당신의 몸과 마음은 곧 무너집니다"라는 경고가 울리는 상태라는 사실을 기억하자.

'참는 것이 미덕'이라는 가치관은 진정한 감정을 느껴야 할 기회를 박탈하고 억누르며 지금 당신에게 진정 필요한 것이 무엇인지를 판단할 능력을 빼앗아 버린다. 그로 인한 피해는 인내 그 자체에 의해 얻어지는 장점보다 훨씬 크기에 하루빨리 두뇌 속에서 제거하는 것이 좋다.

또한 '참는 것이 미덕'이라는 가치관이 입력되어 있으면, 사람들은 '편하게 돈을 버는 것'에 대해 미안함을 느끼기 쉽다.

실제로 남녀노소를 불문하고 "지금 하는 일이 별로 힘들지 않아서 이렇게 편하게 돈을 벌어도 되나 싶어요"라는 말을 하는 사람이 적지 않다. 그런 사람들은 스스로를 '힘든 환경'에 몰아넣으려 하며, 조금이라도 시간에 공백이 생기면 즉각 일을 찾아 나선다.

처음에는 힘들었던 일이 조금씩 손에 익고 여유가 생기면 다시 새로운 힘든 일, 괴로운 일을 찾는다.

이런 유형의 머릿속에는 '돈은 고생이나 인내의 대가로 지불되는 것'이라는 사고가 바탕에 깔려 있다. 그런 사고방식은 가까운 타인부모나 상사 등에게 이식되었을 가능성이 크다.

하지만 냉정하게 생각해 보라.

월급이나 돈은 당신의 시간, 노동력, 능력이나 당신이 만들어 낸 '가치', 당신이 제공한 상품이나 서비스에 대해서 지불되는 것이지 당신이 얼마나 고생하고 참았는지 전혀 관계가 없다.

우리는 인내심과 돈을 거래하는 것이 아니다.

월급이나 돈을 받을 때 '이렇게 편하게 돈을 벌어도 되나'라는 마음이 생기려 하면 '내가 그만큼 가치를 만들어낸 거야', '내겐 그만큼 가치가 있어'라고 생각해 보자.

물론 어떤 업무를 처음 시작했을 때나 처음에 일을 익혀야만 할 때는 특별한 인내가 필요한 경우도 있다. 그런 경우라 해도 그저 '신입연수생이니까 참아야 해'라고 순수히 받아들이지 말고 다음 사항을 점검해 보자.

- 인내를 통해 스스로 얻을 수 있는 이익이 있는지, 그 이익을 스스로가 원하는 것인지, 그 이익이 자신이 지불하는 비용(돈, 시간, 에너지, 스트레스 등)에 적합한지의 여부
- 참아야만 하는 기간이 정해져 있는지의 여부

지불하는 비용에 적합한 이익이 따라오지 않고 기간이 정해지지 않거나 너무 길다면 그것은 불공정한 거래라고 할 수 있다.

스스로 불공정한 거래라는 결론이 내려졌다면, 그에 대해서는 단호하게 NO라고 해 보자.

죄책감으로 타인에게 시간을
너무 내어주지 말자

'죄책감'이란 감정은 '참는 것이 미덕'이라는 가치관이나 기준과 함께 당신에게 불공정한 거래를 강요하는 '내부의 적' 중 하나이다.

예를 들어 '내 말 한마디가 다른 사람을 상처 입혔어', '누군가의 부탁을 거절한 게 신경 쓰여', '부모의 기대를 저버렸어'라며 괴로워하거나, 돈을 받았는데도 쉬고 있는 행위 자체에 죄책감을 느낀 적이 있지 않은가?

무엇보다 당신이 깨달았으면 하는 사실은 "죄책감이란 자기 중심적인 감정이다"라는 점이다.

필자도 이 말을 처음 들었을 때는 의외라고 느꼈다.

죄책감이란 감정에는 '관계를 복구하는 역할'이 있다고 하지만, 그 감정에 너무 얽매이면 상대와의 관계 설정이 틀어지는 경향이 있다.

지극히 골치 아픈 감정이다.

물론 고의로 다른 이의 몸과 마음에 상처를 입히는, 명백히 '나쁜 짓'을 하면서도 죄책감을 느끼지 않는 사람이나, 아무런 죄책감도 느끼지 않으면서 횡포를 부리는 사람은 다른 차원이므로 여기에서는 다루지 않겠다.

만일 당신 주변에 그런 사람이 있다면 무조건 지금 당장 거리를 두어야 한다.

죄책감의 정체를 알고 그것에 휘둘리지 않게 하는 것. 그것만으로도 불공정한 거래나 당신에게서 자유를 박탈하는 '타인의 기준'에 NO라 거절하며 보다 자신다운 인생을 살 수 있게 된다.

한편 죄책감에 휘둘리기 쉬운 타입은 타인에게 신경을 많이 쓰는 사람이다. 죄책감이라는 감정을 풀어내기 위해 타인에 대한 배려와 죄책감의 관계를 생각해 보자.

신경이 쓰인다는 감정은 두 종류로 나눠진다.

- 스스로 미움을 당하거나 상처받지 않기 위한 방어적인 신경
- 순수하게 상대를 배려하기 위한 신경

일반적으로 세상에는 방어적인 신경이 압도적으로 많다.

물론 방어적인 신경이 무조건 나쁜 것은 아니다. 상대방과의 관계를 악화시키지 않은 데 필요한 기제라고도 할 수 있다. 그렇지만 이 방어적인 신경은 쓸데없이 미안한 감정을 느끼는 원인이 된다.

'누군가에게 상처를 줬어', '부탁을 거절해 버렸네', '부모의 기대를 저버렸어'라는 마음은 상대방을 걱정하는 것처럼 보이지만 정작 '내가 미움을 받으면 어쩌지?'라는 생각이 표출된 것이다. '상대를 실망시키거나 꾸중을 듣거나, 상처받기 전에 스스로 미안함을 느껴야지'라는 자기방어적인 생각에서 발현되는 측면이 있기 때문이다.

더구나 쓸데없이 죄책감을 껴안으면, 원하지 않는데도 상대방의 뜻대로 따르게 되어 버린다.

왜냐하면 죄책감은 타인을 컨트롤하는 데 이용되기 쉬운 감

정이기 때문이다.

교섭을 할 때 자주 사용되는 심리기술 중 "처음에는 터무니없는 요구를 해서 일부러 거절하게 만들고 상대가 미안함을 느낄 때 정말로 들어주었으면 하는 요구를 제시한다"는 것이 있다.

특히 강매할 때 이 기술을 교묘히 이용해서 처음에는 고액의 상품을 추천하며 몇 번을 거절하도록 만들고 마지막으로 그보다 싼, 더구나 손님은 원하지 않았던 상품을 구매하게 만드는 식이다.

직장에서도 미안한 감정은 불공정한 거래에 이용되기 쉽다.

월급을 받거나 일이 끝나면 곧바로 퇴근하는 것은 당연한 권리인데도 직장의 분위기에 따라 '동료가 일하는데 쉬는 게 마음 편하지 않네', '먼저 퇴근하기가 쉽지 않아'라는 느낌이 들거나, 아무리 생각해도 불합리한 업무를 받았는데도 '과업을 달성하지 못하고 기대에 부응하지 못해서 미안하다'라는 마음이 들게 하는 것은 그런 사례이다.

덴마크의 심리치료사 일자 샌드는 『민감한 사람과 내향적인 사람이 편하게 사는 기술』에서 다음과 같이 말했다.

우리가 느끼는 죄책감은 실제로 '다른 이가 부정적인 감정을 가지는 것에 대한 공포'라고 인식해야 한다. 다른 이가 부정적인 감정을 품는 것을 참지 못하고 자기 자신의 죄의식에도 견디지 못한다면 자신에게 튀어올 불똥을 피하기 위해 생각할 수 있는 모든 것을 할 것이다.

어쩌면 다른 이가 알아채기 전에 스스로의 흠결을 찾아내며 자신의 불완전성을 보완하는데 주력하는 전략이나 '주위 사람들이 바라는 나'로 존재하기 위한 전략을 취할지 모른다. 그리고 그 전략이 죄책감이라는 불쾌한 감정을 피할 때 도움이 되기를 바랄 것이다.

그렇지만 실제로 그 긴장감이 오히려 역효과로 나타나 편안하고 안락함에서 멀어지게 한다.

이처럼 대인관계에서 죄책감에 사로잡히면 다른 사람을 마주 볼 수 없게 되고, 상대와의 관계에서도 회피적인 성향이 되고 만다.

죄책감은 나 혼자만의
제멋대로 감정에 불과하다

말로써 상대방을 상처 입혔거나 상대방의 무리한 부탁을 거절했다고 가정해 보자. 상대는 당신의 말에 일시적으로 상처를 받거나 화를 내거나 거절을 당해서 곤란에 빠질 수 있다. 그러나 여전히 당신을 소중한 사람이라고 생각하고 이후로도 관계를 지속시키려는 마음일지도 모른다.

혹은 일에 치여서 며칠간 회사에 무단결근했다고 생각해 보자. 직장 동료들은 어떻게든 당신의 사정을 물어볼 것이고, 일의 진척 상황을 확인하고 서로 협력해서 문제를 해결하려 하지 않을까?

부모, 친구, 파트너, 동료 등 자신에게 소중한 상대방이 바라는 바를 충족시키지 못했을 때 미안하다는 느낌이 드는 것은 어쩔 수 없다. 그러나 죄책감에 시달린 결과, 상대방과 얼굴을 마주치거나 솔직하게 대화하지 못하는 것은 이치에 맞지 않는다.

언뜻 생각하면 상대방을 배려하는 것 같지만 사실은 상대방의 마음을 완전히 무시한 행위이며 결국에는 누구에게도 좋은 영향을 미치지 않는다.

관계 회복을 위한 감정이었던 것이 오히려 마이너스로 작용해 버리는 것이다. 죄책감이란 예상치 못한 일이 일어나도록 하는 성가신 감정이다.

그렇다면 죄책감을 제대로 마주하며, 죄책감에 시달리지 않기 위해 어떻게 하면 좋을까?

무엇보다 "죄책감은 제멋대로의 감정이며 관계개선에 도움을 주기 어렵다"는 사실을 전제 지식으로 알아두자.

그렇게 하면 '모든 것이 내 탓'이라는 죄책감의 감옥에 갇히지 않고, 놓여 있는 상황을 정확하게 판단하지 못하는 리스크가 적어진다.

다음으로는 죄책감으로 인해 타인에게 지배되는 상황을 막기 위해 마음속으로 일에 우선순위를 매기고 그 순서를 충실히 지켜보자.

촌각을 다투는 환자가 도움을 청하는 경우만큼 절박하고 긴급한 상황이 아닌 한 상대방의 요청이나 기대가 자신이 원하는 것, 편하게 느껴지는 것이 아니라면 무엇보다 스스로의 마음의 소리를 우선시해야 한다.

언제나 자신에게는 거절이라는 선택지가 존재한다.

처음에는 거절하는 행위 자체가 유쾌하지 않다거나 두렵게 느껴질 수도 있다. 그러나 거절로 인해 일시적인 죄책감이 마음속에 움틀지라도 그것이 치명적인 손상을 주지는 않는다.

'의외로 손쉽게' 해결될 수 있다.

스스로 원치 않는 일, 내키지 않는 일을 용기 내어 거절해 나가다 보면 조금씩 '거절하는 행위'에 익숙해지고 보다 편해지면서 쓸데없는 죄책감에 사로잡히지 않게 된다.

거꾸로 거절하는 선택지를 계속 회피하다 보면, 점점 더 거절하는 행위를 두려워하게 되고 거절 자체를 할 수 없게 된다.

"배우기보다는 스스로 익혀라", "걱정하기보다는 직접 해 보라"는 말처럼 머릿속으로 생각만 하다 보면 두려움은 점점 더 커져만 간다.

하지만 실제로 실천해 보면 의외로 간단하게 해결될 수 있다.

죄책감으로 인해 상대방이 원하는 대로 끌려가게 되면 후회하거나 자기 혐오감에 빠지거나 스스로를 폄하하기 쉬워진다. 그러나 스스로가 원하는 바에 귀를 기울이면 자신에 대한 신뢰가 회복되고 자신감을 지켜나갈 수 있게 된다.

타인의 상황보다 자신의 상황을 우선시해 보자.

그런 경험이 쌓이다 보면 스스로를 긍정하는 힘으로 이어지고 타인과 건전한 관계를 구축할 수 있는 기틀이 된다.

인생은 '적당히 고물이 된 자동차'처럼
마음 편하게

불공정한 거래나 일방적인 잣대를 강요하는 인간관계에 NO라고 선언함과 동시에 당신이 반드시 마음에 새겼으면 하는 바가 있다.

그것은 "직장이나 사회에서 덕목이라 여겨지는 것을 과도하게 목표로 삼지 않는다", "인생사 그 어떤 일이라 해도 적당하게 굴러가는 것이 편하다"라는 점이다.

어느 세계에나 '일류', '승자', '왕도'라 여겨지는 지위나 코스가 있다.

일반기업이라면 각광을 받는 부서가 있고, 사원에서 계장, 과장, 부장, 이사, 상무, 전무에 이르는 출세 코스가 있고, 운동선수

라면 일군 소속, 배우라면 주연, 작가라면 베스트셀러 집필 등이
그런 사례이며 일류가 되었다는 증거로 여겨진다.

하지만 회사나 사회에 의해 일방적으로 그런 순위가 매겨지
고, 모두가 똑같은 지위와 코스를 목표로 삼는 것이 여러 가지
문제를 일으키는 원인이 된다.

'그 코스를 걸어서 그 지위를 얻는 것이 승자이고 평가받을 일
이며 훌륭한 것'이라는 환상이 '타인을 짓밟아서라도 승자가 되
고 싶다'는 욕망을 낳고 다른 길을 걷는 사람에게 '이대로 가도 괜
찮을까', '난 가치 있는 인간일까'라는 불안감과 초조함을 느끼도
록 강요하기 때문이다.

그리고 의사로서 여러 직장에서 일을 하면서 깨닫게 된 사실
이 있다.

그것은 바로,

"무리하게 애써서 일류나 승자를 목표로 할 필요는 없다"

"적당히 사는 것이 마음 편하다"

라는 사실이다.

세상에는 자연스럽게 '일류', '성공'의 길을 걷게 되는 사람이

있다.

본인은 애써 노력하며 그 목표를 이루려고 하지도 않았는데도 좋아하는 일, 흥미가 있는 분야에 매달려 있다 보니 일류, 성공한 사람이 되는 경우다.

그런 사람은 제외하고, 그저 "회사나 사회에서 인정받으니까", "높은 평가를 받으니까"라는 이유로 자신이 걸어갈 코스나 목표로 삼을 지위를 선택하는 것은 다소 위험하다.

'일류', '성공'은 많은 이가 좋다고 판단하기에 안심감을 가져다준다. 하지만 결국 그것 또한 누군가가 정해놓은 가치 기준의 하나에 불과하다.

어느 시기에 판단의 보조적인 역할은 할 수 있겠지만, 변화가 격심한 시대에는 죽을 때까지 목표로 삼을 만하다거나 절대적으로 강력한 가치관이 되어주지는 못한다.

그런 사례로 필자는 의사로서 별난 경력, 아니 '나쁜 길'을 걸어왔다.

재수 끝에 지방의 의과대학에 진학했다.

결코 일류 대학이라 할 수 없는 학교였고, 그곳에서 알게 된 친구들과 지내면서 어렸을 때부터 알게 모르게 품어왔던 '~해야 해', '~하지 않으면 안 돼'라는 쓸데없는 걱정이 조금씩 사라졌다.

'의사'라 하면 대부분 외과의, 내과의를 떠올리겠지만 필자가 처음 선택한 것은 방사선과의였다.

방사선과 교수님이 인자했기에 그 밑에서 일하고 싶다는 생각이 들었고, 커뮤니케이션이 서툴고 손재주가 없으며 체력이 떨어지는 처지라 하나하나 제외하다 보니 방사선과라면 괜찮은 선택지일 거라 생각했다.

하지만 그렇게 선택한 방사선과조차 맞지 않았다.

방사선과의에게 가장 요구되는 것은 정확성이었는데, 필자는 치명적으로 실수나 실책이 잦은 인간이었다.

인턴으로 있었던 대학병원에서는 엉망진창으로 일 처리를 해서 다른 전문의로부터 하는 일 없이 돈만 받아 가는 '월급도둑'이라는 말을 들었다. 의국 회의에서 실수 사례가 다루어진 적도 있었다.

결국 잘못된 선택이었던 것이다.

그런 상황에서 가까운 이들의 자살을 경험하면서 동급생들과 함께 인턴, 레지던트의 정신건강을 지키기 위한 자치단체를 세우게 되었고 그 활동을 하면서 유달리 보람을 느꼈다.

결국 방사선과의 2년 과정을 마친 후에 그 지역의 병원으로 옮기면서 내과의로 전향했다.

방사선과의가 적성에 맞지 않았던 이유도 있었지만, 의료 현장의 근본적인 문제인 관리에 더 집중하고 싶었기 때문이다. 내과의가 되면 보다 일반적인 의료와 관계 맺기를 할 수 있을 거라 판단했다.

병원에 근무하면서 '고치高知의료재생기구'라는, 의료행정을 고민하는 조직에서도 일하면서 많은 이들의 경력 상담과 심리 상담을 진행했다. 그러다 점차 '사람의 인생에 관계되는 일의 재미'를 알게 되었다.

그 후에 '하이즈High-Z'라는 도쿄의 의료기관 대상 경영컨설팅 기업으로 자리를 옮겼고, 3년 정도 일하고 나서 지금의 클리닉을 개업하였다.

주변의 소중한 사람들이 삶의 고통을 느낄 때 그 인생을 회복할 만한 거점이 되어줄, 안심할 수 있는 거처를 만들어주고 싶었다.

그전에는 스스로 그런 생각을 하게 되리라고는 상상조차 하지 못했다. 해 보지 않으면 알 수 없는 일 투성이었고, 하고 싶은 일은 자꾸 변해만 갔다. 결국 그것이 더 자연스럽다는 사실을 알게 되었다.

개원한 클리닉은 저녁에 오픈해서 야간진료를 중심으로 운영 중이다. 환자들이 퇴근 후에 진료를 받을 수 있다며 반기는 것도 한몫하지만, 역시 가장 큰 이유는 필자 자신이 아침에 일어나기를 힘들어하기 때문이다.

이처럼 하고 싶지 않은 일로부터 도망쳐서 상대적으로 하고 싶은 일을 우선시한 결과, 의사로서의 경력은 옆길로 새다 못해 극한의 잘못된 길로 변해 버린 것 같지만, 의외로 편하다.

의사로서 결코 '정도', 다시 말해 모두가 예상하며 다들 걸어가는 길은 아니지만 내 나름의 길을 걷게 되어 좋다.

모두가 가는 큰길에서 약간만 벗어나면
여유로운 오솔길이 펼쳐진다

모두가 목표로 하는 코스를 걸어가 그 지위를 얻게 되면 분명 좋은 평가를 얻을 것이다. 하지만 그곳에 머무는 것이 첫 번째 목표가 되면 스스로가 진정으로 하고 싶은 일, 진심으로 원하는 일은 뒷전으로 밀려나게 된다.

또한 모두가 목표로 하는 코스는 안심감을 주겠지만, 그곳에 관계된 사람이 너무 많다. 때문에 그 코스에서 살아남기 위해서는 모든 사람의 기대에 계속 부응해야 하며, 경쟁이 심해질 수밖에 없다.

모두가 추앙하는 왕도를 걸어가기 위한 유지비용은 상상할 수 없을 만큼 비싸다. 그곳에서 약간 옆으로 벗어나는 것만으로도 마음 편한 세상이 펼쳐진다.

개인적으로는 '모두 그렇게 하는데 나도 잘해야지'라는 생각이 사라진 것이 무척 좋았다. 덕분에 점점 더 나태해지는 버릇이 붙었지만 '게으름이 미덕'이라는 말을 편의적으로 이용하고 있다.

더구나 게으름을 피우거나 대충 하는 방법을 익혔더니 거꾸로 '게으름 피우고 싶지 않은 일', '대충 하고 싶지 않은 일'이 무엇인지가 명확해졌다.

필자는 특히 게임을 좋아해서 '스플래툰 2'를 2천 시간 이상 플레이하고 있다. 물론 게임이 능숙해진다고 해서 칭찬을 받을 일도 없고, 그 일이 돈을 벌어다 주지도 않는다. 오히려 게임에 몰두할수록 업무에 지장이 생겨서 평판이 나빠질 우려가 있을 뿐이다. 그럼에도 아이처럼 순수하게 게임에 몰두할 수 있는 시간은 너무나도 소중하다.

최근에는 일하는 시간을 의도적으로 줄이고 게임할 시간을 확보하고 있다. 그렇게 해야 내 인생이 전체적으로 보다 더 행복에 가까워진다고 느꼈기 때문이다.

대부분의 사람은 '회사나 사회에서 좋게 평가되는 길을 걷는 것이 옳다'고 생각하며 그렇게 인생을 보낸다.

부모나 주변 사람들의 기대에 부응하며 '이미 그런 길을 걷도록 정해져 있어', '도망칠 곳이 없어'라고 느끼는 사람도 있을 것이다. 하지만 그렇지 않다.

모두가 좋다고 생각하는 선택 대신 약간만이라도 '비뚤어지고 제멋대로인 생각'을 해 보는 건 누구나 가능하다.

그곳에서 얻을 수 있는 것이 스스로에게 기분 좋게 느껴지는 것이라면 회사나 사회가 좋다고 여기는 코스에서 벗어난다 해도 전혀 문제 될 것이 없다.

사회의 기준이 아니라 스스로의 행복에 가까이 다가갈 수 있는 길을 발견했다면 자신감을 갖고 걸어가 보자.

나 자신이 아닌 다른 누군가를 위해 살아갈 필요는 없다.

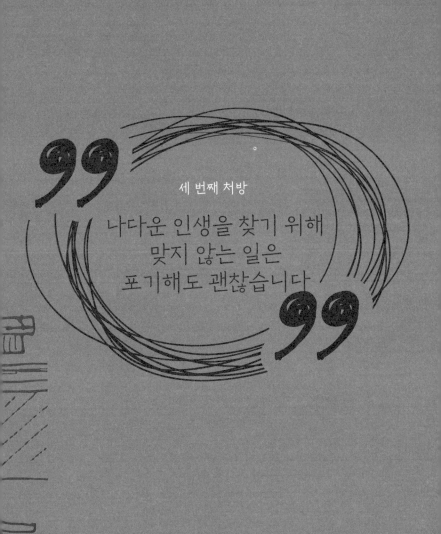

세 번째 처방

나다운 인생을 찾기 위해
맞지 않는 일은
포기해도 괜찮습니다

'스스로의 기준에 기반한 나다운 인생'을 되찾자

현대사회에는 타인의 잣대나 가치관, 인간관계에 얽매여서 필요 이상으로 인내를 강요당하며 삶의 고통을 껴안고 사는 사람이 많다.

특히 코로나 팬데믹 이후에는 재택근무로 집에 있는 시간이 길어지면서 회사 내 인간관계의 번거로움에서는 어느 정도 해방되었지만, 가족관계에 새로운 괴로움이 늘어났음을 느낀다.

많은 사람이 스스로의 기준에 기반한 나다운 생활, 나다운 인생을 회복하고 자신의 이야기를 살아갔으면 한다.

그것이 이 글을 쓰는 이유이다.

이제까지 다음과 같은 내용을 다뤄왔다.

- 자신과 타인 사이에 있는 경계선, 자신이 책임을 가지고 지켜야 하는 영역을 정확히 의식하고 침해당하는 행위에 민감해질 것
- 알게 모르게 스스로의 뇌 속에 입력된, 타인과 사회로부터 강요된 가치관, 잣대를 다시 검토하고 불공정한 거래를 인식할 것
- 침범을 거듭하는 사람이나 불공정한 거래를 요구하는 사람과는 되도록 거리를 둘 것

이는 '인간관계를 다시 바라보는 방법', '회사나 사회의 가치관, 잣대를 다시 검토하는 방법'을 다룬 것이다.

그렇다면 '스스로의 기준으로 살아나간다'는 것은 구체적으로 무엇이며 어떻게 실현할 수 있을까?

사람은 모두 자신이 가진 기준의 존재 방식이 다르며 "이렇게 하면 절대적으로 스스로의 기준, 자기 삶의 방식을 발견할 수 있다"라는 방법도 존재하지 않기 때문에 말로는 다 설명하기가 힘들다.

또한 스스로의 기준이나 자기 삶의 방식을 발견하는 것은 기

나긴 시간이 걸리고 무척 어려운 일이기도 하다.

갑자기 "내일부터 완벽하게 나만의 기준으로 살아가야겠어"라고 결심할 수도 없는 일이다. 하지만 아무런 행동도 하지 않는다면 영원히 스스로의 기준을 찾아낼 수 없다.

그렇다면 어떻게 해야 할까?

고민을 거듭하다가 결국 도달한 대답은 이것이다.

"무엇보다 자신에게 맞지 않는 것, 하고 싶지 않은 일을 찾아내서 NO라고 말하는 것에서 시작한다."

소극적이라고 느낄 수 있겠으나 누구라도 당장 내일부터 시작할 수 있는, 스스로의 기준을 찾기 위한 방법이다.

하고 싶은 일이나 자신에게 맞는 기준을 찾는 것이 아니라, 우선 스스로 '싫다', '잘 못 하겠다'고 느끼는 것을 정리해나가 보자. 그 길의 끝에 자신에게 맞는 것, 하고 싶은 일, 스스로의 기준, 진정 나답게 살아가는 방법이 보이기 시작할 것이다.

성실하게 인생을 낭비하고 있지 않은가?

지금 현재, 당신은 분명 타인의 기준에 맞추기 위해 많은 시간을 내어주고 있을 것이다.

예를 들면, 타인이나 사회로부터 부정적인 판단을 받아 '난 정말 안 돼'라고 침울해하고 있는 시간, 마음속으로는 경쟁하고 싶지 않은데 타인과의 경쟁으로 소비되는 시간, 기분이 내키지 않는 부탁이나 의미 없는 회의, 쓸데없는 회식으로 소비되는 시간, SNS의 '좋아요'처럼 그다지 하고 싶지는 않지만 타인의 시선에 신경이 쓰여서 의무적으로 무언가를 하는 시간 등이 그것이다.

만약 월요일에서 금요일까지 하루에 3시간을 그렇게 쓴다면 일주일에 15시간, 한 달이면 60시간, 1년에 720시간을 타인의 기준에 따라 소비하게 된다.

더욱 그 시간이 쌓여가면 10년에 7,200시간, 30년이면 2만 시간이 훌쩍 넘는다.

22세에서 65세까지 43년간 일을 한다고 가정하면 그간의 합계는 3만 960시간이며 24시간으로 나누면 1,290일, 3년 5개월에 달하는 시간이 된다.

하지만 자신에게 맞지 않는 것, 하고 싶지 않은 일에 NO를 선언하고 그런 일들로부터 멀어질 수 있다면 남에게 휘둘리며 시간을 빼앗기는 걸 조금씩 막아낼 수 있다.

자신에게 맞지 않는 것, 하고 싶지 않은 일이 명확해지면 그다음에는 거꾸로 자신에게 맞는 것, 하고 싶은 일이 보이게 된다. 그렇게 되면 비로소 되찾아온 시간과 에너지를 다른 사람을 위해서가 아닌, 스스로 마음속으로 즐겁다고 느끼는 것, 자신이 편하게 느껴지는 일에 사용할 수 있다.

'스스로의 기준으로 살아간다', '자신의 이야기로 살아간다'는 것은 결국 '스스로를 기쁘게 할 시간과 에너지를 될 수 있는 한 늘려나가는 것'이다.

그렇다면 도대체 어떤 것에 NO라고 선언해야 할까? 자세한 내용은 다음 챕터에서 구체적으로 다루기로 하자.

필요 이상으로 참지 않으며 스스로의 기준으로 살아간다는 것은 결코 '타인의 일은 아랑곳하지 않고 내 멋대로 하고 싶은 대로 행동하며 모든 일을 마음 내키는 대로 하는 것'을 의미하지는 않는다.

자신의 기준만을 주장하며 주변에 제멋대로 요구만 하고 남에게 인내를 강요하는 것은 타인의 영역을 침범하는 것이다.

당신이 스스로의 기준으로 살아가기 위해서는 타인이 자신의 기준으로 살아가는 것을 방해해서는 안 된다.

서로 자신과 타인의 경계선, 자신의 영역과 타인의 영역을 존중하면서 공정한 관계성을 지키기 위해 노력해야 한다. 그것은 모두가 스스로의 기준으로 살아가기 위한 중요한 매너이다.

'하고 싶은 일이 있으면 좋지'라는
생각은 완벽한 오류다

세상에는 언뜻 보면 긍정적이어서 반론하기 힘들지만 서서히 사람들을 힘들게 하는 말이나 사고방식이 있다. 그중 하나가 "하고 싶은 일이나 장래의 꿈, 희망, 목표가 있는 것이 좋다"라는 사고방식이다.

현대사회에서는 남녀노소를 불문하고 모든 이에게 '하고 싶은 일'이 있을 것을 과도하게 요구한다.

어렸을 때는 부모나 학교에서 "장래의 꿈은?"이라는 질문을 듣고, 취직하면 "회사를 위해 무슨 일을 할 수 있는지, 무엇을 하고 싶은지"라는 질문을 받고, 정년퇴직을 하면 "제2의 인생에서 하고 싶은 일은 무엇인지"라는 물음에 직면한다. "하고 싶은 일이 있으면 좋지", "하고 싶은 일이 있는 게 당연해"라는 사고방식이 퍼져 있으며 그것을 신봉하는 사람이 무척 많다.

하지만 실제로 진정으로 하고 싶은 일은 쉽사리 찾아지지 않으며, 어떻게든 하고 싶은 것을 찾아낸 사람은 행운아다.

실제로는 무엇을 하고 싶은지 모르고 사는 사람이 많다.

그들 대부분은 "하고 싶은 일이 없는가"라는 질문에 "별로 없습니다", "아직 못 찾았어요"라고 대답할 때마다 어쩐지 나쁜 짓을 한 것 같은 기분이 든다고 한다. 그러다 보면 '하고 싶은 일이 없는 나는 글러 먹은 인간인가'라며 자신을 부정하게 된다는 것이다.

하고 싶은 일이 있으면 당연히 조금 더 편하게 살아갈 수 있다.

여행을 떠날 때 목적지도 없이 헤매는 것보다는 원하는 곳을 정하고 그곳을 향해 가는 것이 효율성 있고 단순하게 행동할 수 있는 것처럼, 인생의 목표가 정해져 있으면 나날의 시간에서 해야 할 바가 명확해지기 때문이다.

하고 싶은 것을 향해 노력하는 행위는 활력의 원천이 된다. 이를 통해 충만감과 성취감도 얻기 쉽다.

'하고 싶은 것'이란 절대 필요한 것이 아니며, '하고 싶은 것이 있으면 좋다'는 사고방식은 누군가가 정한 가치관, 그저 지금 유행하는 가치관에 불과하다.

꿈이나 목표와
나라는 사람의 가치는 아무 상관이 없다

고대의 사람들에게는 '내가 하고 싶은 게 뭐지?', '하고 싶은 일이 없으면 가치가 없어'라는 생각이 없었을 것이다.

하고 싶은 일이 없어도 인간은 충분히 살아갈 수 있으며, 하고 싶은 것이 있는가의 여부로 그 사람의 가치가 바뀌지도 않는다.

더구나 아무리 하고 싶은 것이 있어도 그것이 진정 스스로가 원하는 것이 아니라면 오히려 자신을 괴롭히는 경우도 있다.

예를 들면 다음과 같은 이야기를 자주 듣게 된다.

"부모님이 어렸을 때부터 열심히 공부해서 좋은 대학에 들어가 월급도 좋고 보기에도 번듯한 은행에 반드시 취직하라고 해서 대형은행에 들어갔어요. 그런데 아무래도 회사 분위기에 익숙해지지 않아서 금세 나와버렸어요. 이제까지 은행 취직만 목표로 살아왔는데 앞으로 어떻게 하면 좋을지 모르겠어요. 인생이 의미 없게 느껴져서 아무것도 못 하겠어요."

"회사에서 열심히 일해서 출세하고 돈을 버는 것이 꿈이자 목표였고, 자신이 해야 할 역할이라고 생각해서 이제까지 그렇게 살아왔죠. 어느 정도 출세도 했고 재산도 모았는데, 무언가 잘못된 느낌이 들어요. 인생이 이런 건지, 진정 내가 원한 것이 맞는지, 허무하기만 해요."

보다 풍요로운 삶을 가져다줄 것이라는 길을 열심히 달려오면서 노력해서 모든 것을 얻은 것처럼 살아왔는데 문득 허무감에 휩싸여 괴로워하는 많은 사람을 보았다.

그들의 공통점은 부모나 사회, 타인의 가치관에 따라 '하고 싶은 것'을 정하고 그 길을 좇아왔다는 것이다.

타인의 가치관을 기반으로 한 '하고 싶은 것'은 지위를 얻기 위한 목적인 경우가 대부분이다. 그러다 보니 당연히 경쟁이 심한 코스를 택하기 쉽다. 그것이 일시적인 인생의 목표나 충만감, 성취감, 만족감을 안겨 줄지는 모른다. 그러나 장기적으로 행복감을 가져다준다는 보장은 없다.

하지만 사람들은 '진정 자신이 하고 싶은 것'과 '타인에게 강요된 하고 싶은 것'을 좀처럼 구별하지 못한다. 아이 때부터 '누군가가 정한 가치관' 속에서 살아가다 보면 그것이 당연시되고 아무리 강요된 것이라고 해도 '스스로 마음속으로 하고 싶은 것'이라고 착각하기 때문이다.

그렇기에 젊을 때는 '강요된, 하고 싶은 일'을 열심히 추구하다가 어느 정도 목표를 달성했을 때 혹은 문득 인생을 되돌아봤을 때 '진정 내가 하고 싶었던 것이 이게 맞나', '내 인생이 이렇게 되는 게 정말 맞을까'라는 의문에 문득 사로잡히게 된다.

앞서도 기술했지만 그것이 바로 중년의 위기를 불러오는 하나의 원인이다.

"하고 싶은 것을 못 찾겠어요"라고 하는 대부분의 사람은 '타인에게 강요된' 것에 눈속임당하는 경우가 많다. 자신의 마음을 자세히 들여다보면 분명 누구에게나 크건 작건 '하고 싶은 것'이 내재되어 있다.

예를 들면 "앞에 나서서 진두지휘하는 건 취약하고 구체적으로 하고 싶은 일도 없지만 누군가를 도와주는 역할을 좋아해요", "백지상태에서 아이디어를 내는 건 잘하지 못하지만 누군가 아이디어를 내면 착실하게 실현시켜 나가는 건 좋아요"라고 말하는 사람도 있다.

이것 역시 진정 '하고 싶은 것'이다. 앞에 나서는 사람이나 아이디어를 내는 사람들뿐만 아니라 도와주는 사람, 아이디어를 실현시켜 주는 사람 또한 반드시 필요하다. 이들이 없다면 세상의 많은 일이 실현될 수 없다.

하지만 이런 타입의 사람들은 "소극적이군", "너무 막연해"라는 판단을 받을까 두려워서 좀처럼 그 마음을 밖으로 표출하지 못한다.

어쩌면 "하루종일 자봤으면", "하루종일 멍하니 바다를 바라봤으면", "평생 게임만 하고 살았으면"이라는 소망을 가진 사람도 있을 것이다. 하찮은 바람으로 보일까 봐, 나태한 사람으로 여겨질까 봐 속시원히 말하지 못할 뿐이다.

사람은 '타인에게 높은 평가를 받을 수 있는 것, 칭찬받을 수 있는 것에 스스로를 맞추는' 습성을 가지고 있다. 앞서 거론한 '자신이 진정 하고 싶은 일이지만, 타인에게 높은 평가를 받지 못할 일'을 '하고 싶은 것'이라고 인정하지 못하는 이유는 그 때문이다.

더구나 '강요된 하고 싶은 것'에도 푹 빠져들지 못하기에 결과적으로 '하고 싶은 것을 찾을 수가 없다'고 믿어 버리게 된다. 그런 사람이 적지 않을 것이다.

그렇지만 진정 행복해지기 위해서는 타인이 납득하는 이야기가 아니라 스스로가 납득할 수 있는 이야기를 살아나갈 필요가 있다.

그리고 정직한 자신의 마음을 인정하는 것이 그 첫걸음이다.

'진정 편한 삶'은
경쟁이나 실력과는 관계가 없는 곳에
자리 잡는다

필자는 이제까지 경쟁 사회에서 그럭저럭 목숨을 부지하며 살아온 것 같다. 재수는 했지만 어떻게든 의대에 갈 수 있었고, 경쟁이 심한 지역에서 클리닉을 개업했음에도 이제껏 망하지 않고 지속해 왔으니 말이다.

20대 전반까지는 경쟁에 이겨서 얻어지는 것으로 자기애를 유지시켜 온 부분도 있었다. '인정받고 싶다', '칭찬받고 싶어'라는 마음이 어떤 일을 할 때 동기를 부여해 주기도 했다.

인간은 원래 경쟁본능과 승인 욕구를 갖고 있다. 그러므로 경쟁에 처하거나 타인의 평가를 받으면 대부분 '불타오르게' 되며 의욕이 촉발되어 다양한 기능 습득에 가속도가 붙게 된다.

물론 경쟁에 취약한 사람도 있지만, 그런 경우에도 스스로 해낸 일이나 재능이 높은 평가를 받으면 기뻐하게 된다. 카드 게임이나 각종 게임을 할 때 그 나름대로 즐기고 열중하게 되는 것도 그런 현상 중 하나이다.

문제는 경쟁에는 좋은 면도 있지만 그로 인해 초래되는 단점이 무척 많다는 데 있다. 대다수가 밀집되어 살아가는 현대 사회에서는 더욱 그렇다.

현대인은 태어날 때부터 항상 경쟁에 노출되어 있으며, 자라면서 끊임없이 타인에게 평가를 받는다. 가정에서는 형제와 비교되고, 학교에서는 동급생과 공부나 체육을 비롯한 각종 성적으로 경합한다. 조금이라도 더 좋은 학교나 직업을 갖기 위해 경쟁하고, 시험에서는 다른 수험생과 성적을 겨루며, 사회인이 되면 출세나 윗선의 좋은 평가를 받기 위해 그리고 더 많이 벌기 위해 서로 경쟁한다.

특히나 최근에는 '실력주의'를 요구하는 기업이 적지 않다. 실력주의라는 말 자체만 놓고 보면 평등하다는 느낌이 들지만, 결국 '끊임없이 계속 경쟁해야 한다'는 것을 의미하기도 한다.

항상 경쟁과 평가에 노출되어 있다 보면 마음속에는 자연스럽게 '경쟁에서 지면 안 돼', '최고가 되지 않으면 별 볼 일 없지'라는 가치관이 뿌리내린다.

경쟁에 이겨서 높은 평가를 받을 수 있게 되면 자존심이나 승인 욕구, 명예욕이 채워지지만, 이 세상에는 위에 올라갔다 한들 반드시 또 그 위가 있는 법이며, 몸과 마음의 상태가 언제나 최상의 상태를 유지하고 있을 수도 없다. 세상에서 가장 뛰어난 선수라고 해도 영원히 승리할 수는 없다. 아무리 강해 보이는 사람이라 해도 인생의 어느 시점에서 반드시 '약자'가 되고 만다. 그것이 세상의 이치다.

결국 그런 상황이 찾아와서 경쟁에서 지거나 평가가 떨어지면 '난 틀렸어', '가치가 없어'라는 생각에 빠져 버리는 것이다.

경쟁에 지거나 타인의 평가가 낮아지는 것은 그 사람의 존재 자체의 가치와는 아무런 관계가 없다. 하지만 자신도 모르게 혼동하기 십상이다.

이런 이야기를 하면 '어차피 타인은 제멋대로 말하는데', '남의 평가는 신경 쓰지 말고 내 평가는 스스로 내리는 게 좋지'라고 생각할지 모르지만 자신에 대한 평가 기준이 지나치게 높으면 마찬가지 상황이 된다.

더구나 주변 어른에게 잘 나가는 형제와 비교를 당하거나 부당하게 낮은 평가를 받으며 살아온 사람, 혹은 항상 완벽하고 뛰어나야 한다는 요구를 받으며 살아온 사람은 있는 그대로의 자신, 편한 상태의 자신을 긍정하지 못하고 한계선까지 스스로를 몰아붙이는 경우가 무척 많다.

'내가 나여서 괜찮아'라는 감각

앞서 기술한 것처럼 자기긍정감이란 '완벽하지 않고 뛰어나지도 않으며 경쟁에서 지더라도 난 이대로 괜찮아', '내가 나여서 괜찮아'라는 감각을 말한다.

자기긍정감이 없는 사람은 무척 상냥하고 노력하는 사람이며, 영리한 데다가 일도 잘하고 뛰어난 점이 많고, 주변의 평가가 높은데도 불구하고 끊임없이 스스로를 폄하한다. 다른 사람의 상황이라면 '그걸로 충분하지 않을까?', '더 이상 뭘 해야 하지'라고 판단하면서도 자신의 일에 대해서는 엄격해진다.

　더구나 스스로 자신을 괜찮다고 긍정할 수 없기 때문에 "우수하다", "성적이 좋다"라는 평가를 받고 타인의 긍정적인 말을 통해 스스로의 가치를 증명하기 위해 공부, 업무에 빠져들어 가기 십상이다. 더구나 거의 미쳐있는 것처럼 노력한다.

　하지만 그런 사람은 아무리 좋은 학교나 회사에 들어가 중요한 지위에 발탁되어 성과를 올린다 해도 기분이 좋다거나 인정을 받았다며 기뻐하기보다 '어떻게든 과업을 완수했어'라며 안심한다. 환희나 기쁨 같은 감정보다 안도감을 크게 느끼는 것이 특징이다.

　심지어는 그런 안도감마저 일순간일 뿐 또다시 '다음번에도 잘할 수 있을까', '더 뛰어난 사람이 나타나서 내 존재가치가 없어지는 건 아닐까'라는 불안감에 괴로워한다.

　경쟁 세계 속에서 끝없이 평가의 중압감에 노출되어 있는 동안은 아무리 시간이 지나도 '이걸로 됐어'라는 감각을 가질 수 없다. 이를테면 돈, 명예, 직함, 집, 차 등의 소유물처럼 타인과의 비교에 의해 만족감을 얻을 수 있는 것을 '지위재地位財', 자유나 건강, 애정 등 타인과 비교하지 않아도 만족감을 얻을 수 있는 것은 '비지위재'라고 한다.

이 가운데 경쟁에 의해 얻을 수 있는 것은 지위재뿐이며 비지위재는 경쟁이나 평가와는 관련이 없는 곳에서 얻을 수 있다. 그리고 호화주택을 세우거나 고급 차를 사면서 얻는 지위재의 행복감은 비지위재의 행복감에 비해 오래 지속되지 않는다는 사실은 분명하다.

지위재와 비지위재는 자동차의 양쪽 바퀴 같은 것이다. 지위재에 의해 얻어지는 단기적인 행복도 부정할 수는 없다. 단, 오랜 기간에 걸쳐 사람들을 진정 행복하게 해주는 것은 비지위재에 의한 만족감이다.

행복하게 살아가기 위해서는 '경쟁 세계에서 관계 맺기를 재점검하면서 자신에게 적절한 거리를 정하는 것'이 무척이나 중요한 요건이다.

경쟁을 즐길 수 있는 정도는 사람마다 다르다.

"계속 진다해도 경쟁 자체가 너무 즐겁다"고 말하는 사람은 그 관계를 원하는 만큼 맺으면 된다. 그렇지만 당신이 그런 타입이 아니라면 때로는 경쟁을 즐기거나 타인의 평가에 기뻐하거나 슬퍼하기는 해도, 그것은 어디까지나 '인생의 조미료' 정도라고 여기고 스스로의 가치를 판단하는 기준으로 삼지 않는 것이 현명하다.

그리고 경쟁이나 평가와는 무관한 사람, 또는 세계와의 연결을 소중히 해야 한다. 특히 스스로의 내부에 '결손 부분'을 그대로 받아들이고 사랑해 줄 사람과 만날 수 있다면 가장 좋다.

'결손 부분'이란 남루하거나 일그러진 부분을 말하며 '아름다움', '뛰어남'과는 달리 타인과의 경쟁 대상이 되기 힘든 부분이기도 하다.

경쟁 세계로부터 적당히 거리를 두고 자신의 내부에 있는 남루하고 일그러진 부분을 재미있어하며 사랑해 줄 사람과 만나서 스스로도 내부의 남루하고 일그러진 부분을 인정할 수 있게 될 때, 비로소 '완벽하지 않아도 뛰어나지 않아도 경쟁에서 져도 난 이대로 괜찮아', '내가 나여서 괜찮아'라는 감각을 가질 수 있고 스스로의 이야기를 살아갈 수 있게 된다.

필자도 어느 시기에는 경쟁적인 세계관에 완전히 진절머리가 났었다. 한 번 이긴다 해도 경쟁은 끝없이 영원히 이어졌고, 그

끝이 없다는 사실을 알게 되었다.

계속 이기지 않으면 유지할 수 없는 가치와 지위는 너무 많은 비용을 요구하며 누구나 지칠 수밖에 없다.

지금은 의사로서도 흔히 말하는 최고의 길과는 상당히 떨어진 곳에서 편하게 지내지만 전혀 괴롭지 않으며, 예전보다 훨씬 살기 편하다고 절실히 느끼고 있다.

친구에게 들은 이야기인데 뉴질랜드나 호주에서 산에 오를 때 메인 루트에는 산 정상이 포함되어 있지 않다고 한다. 산 정상은 어디까지나 들렀다 가는 길 중 하나일 뿐이다.

정상을 목표로 하는 것이 전제가 아니라 들렀다 가는 길에 불과하다는 사고방식은 무척이나 우아하며 본질을 꿰뚫고 있다.

부탁받은 일은
무작정 가져가지 말자,
<u>타인에게 소비되지 않도록</u>

인생의 시간을 빼앗는 타인의 기준 가운데 가장 흔하고 가장 귀찮은 일은 '남에게 부탁받은 일'이나 '마음이 내키지 않는 권유'라 할 수 있다.

여러분도 자주 남에게 부탁을 받거나 가고 싶지 않은 모임을 권유받지 않는가?

물론 그 일이 당신도 무척 하고 싶거나 참가하고 싶은 모임이고 에너지와 시간에 여유가 있다면 전혀 문제 되지 않는다. 하지만 '기꺼이 일을 떠맡고 싶다'고 느껴지는 부탁이나 '반드시 참석하고 싶다'고 생각되는 모임은 극히 일부에 지나지 않는다.

실제로는 '가능하면 떠맡고 싶지 않아', '별로 흥미가 없는데',

'업무와 해야 할 일로 이미 스케줄이 꽉 차서 여유가 없어'라고 느끼는 경우가 많을 것이다.

하지만 그런 상황임에도 거절하지 못하고 내키지 않는 부탁이나 권유를 받아들이는 사람이 적지 않다.

한두 번이라면 괜찮지만 횟수가 거듭되면 진정 스스로를 위해 써야 할 시간이나 에너지가 점점 더 타인에 의해 소비되고 멘탈까지 흔들리게 된다.

그렇다면 사람들은 어째서 내키지 않는 부탁이나 권유를 승낙해 버리는 걸까?

그 배경에는 다음과 같은 생각이 깔려 있다.

'그래도 의리가 있는데 거절할 수 없지.'

'거절하면 인간관계나 업무에 영향이 있을 거야.'

'치사하다거나 쩨쩨하다고 할까 봐 두려워.'

혹은 부탁을 받거나 모임에 권유를 받으면 스스로의 능력이나 존재가 인정받는 기분이 들어서 응하고 싶은 기분이 드는 경우도 있다.

이는 모두 자신과 타인의 경계선과 자기긍정감과 깊은 관계가 있다.

'그래도 의리가 있는데 거절할 수 없지', '거절하면 인간관계나 업무에 영향이 있을 거야'라는 생각이 드는 것은 상대에 대한 의리나 역학관계에 따라 그 경계선이 모호해지거나 자신의 영역이 침범당하기 때문이다.

'치사하다거나 쩨쩨하다고 할까 봐 두려워', '내 능력이나 존재가 인정을 받는 기분이 든다'는 것은 '부탁받은 일을 승낙하지 않아도, 모임에 나가지 않아도 자신은 자신이며 그 상태대로 괜찮다'라는 자신에 대한 자기긍정감이 표출되지 않았기 때문이다.

실제로 스스로를 긍정하지 못하는 사람은 원치 않는 부탁이나 권유를 승낙하는 경향이 높다.

스스로 자신을 긍정할 수 없는 사람이 타인을 돌보려 함은 생명줄을 내어주는 것과 마찬가지다. 일시적으로는 다른 사람에게 도움이 되었다, 존재가치를 인정받았다며 만족하지만 어느덧 무리를 하기에 원망이 조금씩 쌓이게 되고 자신과 주변 사람들을 싫어하게 된다.

자신보다 타인의 요구를 계속 우선시하다 보면 더 큰 자기혐오에 빠지는 악순환에 휘말리게 되는 경우가 적지 않다.

거절보다 쉬운 한 마디, "잠깐 생각 좀 해볼게요"

그렇다면 내키지 않는 부탁이나 권유에는 어떻게 대처해야 할까?

'거절' 방식에 대해서는 앞서도 다루었지만 거절이 서툰 사람들을 위해 다시 구체적인 방법을 전해 보자.

우선 거절이 힘든 사람은 부탁이나 권유를 자동적으로 받아들이기 쉽다. 혹은 특정한 사람에게 받은 부탁이나 권유는 반사적으로 덜컥 받아들이는 사람도 있다.

만일 당신이 스스로의 언행을 되돌아보면서 '부탁을 받으면 나도 모르게 항상 자동적으로 받아들이고 있구나', '저 사람이 권하면 나도 모르게 반사적으로 응하네'라는 생각이 들면 다음부터는 "잠시 생각 좀 해 볼게요", "일정을 확인해 볼게요"라고 대답하며 습관적으로 시간차를 만들어보자.

확답을 미루는 것은 그 부탁이나 권유를 받아들일지를 검토하고 거절할 경우에 되도록 상대방에게 불쾌감을 주지 않을 구실을 생각하기 위함이다.

무엇보다 중요한 점은 다른 생각을 하지 말고 일단 스스로의 감정에 시선을 돌려야 한다는 것이다. 부탁받은 일을 하는 자신, 권유에 응한 자신을 이미지화하고 떠올려 보며 스스로 그것을 즐기는지 아닌지를 상상해 보자.

만일 즐기지 못할 것 같다면 그 부탁과 권유는 기본적으로 거절하는 것이 옳다.

그러나 갑자기 닥치는 대로 모든 것을 거절하는 것은 너무나 어려운 일이다. 그러므로 거절하기 쉬운 것부터 하나씩 연습을 해 보자.

처음에는 열 번에 한 번, 스무 번에 한 번 정도라 해도 충분하다.

그 결과 '거절해도 의외로 담담하네', '날 위해 자유롭게 쓸 수 있는 시간이 늘어났어', '거절을 했더니 언제나 무리하게 밀어붙이며 요구했던 사람이 멀어졌어'라는 사실을 실감하게 되면, 거절에 대한 내 안의 저항감이 조금씩 줄어들게 된다.

또 한 가지 중요한 점은 고민 끝에 거절하거나 권유를 받아들이지 않겠다고 결정하면 되도록 빨리 그 의사를 전하는 것이다. 시간이 지날수록 거절하기 어려워지고 거절의 장벽이 더 높아져 버리기 때문이다.

이때 '부탁한다-부탁받는다'라는 관계를 정해진 패턴으로 받아들이지 않아야 한다는 걸 명심하자. 업무이건 사적인 영역이건 두 사람 사이에 어느 한쪽은 항상 부탁하고 다른 한쪽은 항상 부탁받는 관계는 정당하지 않다. 특히 터무니없는 부탁만 받는 경우에는 그것이 자신의 시간과 에너지, 자유를 박탈하는, 일종의 폭력이라는 사실을 명확히 인식해야 한다.

그와 반대로 세상에는 "부탁하는 게 힘들어요"라고 하는 사람도 적지 않다.

어쩌면 여러분 중에는 "남에게 부탁은 자주 받는데 저는 부탁을 잘 못 하겠어요"라는 경우도 있을 것이다. 그 배경에는 "어떻게 부탁을 해야 할지 모르겠어요", "부탁 이후에 여러 후속 조치가 더 번거로워요"라는 기술적인 이유나, '내가 하는 게 빠르지', '부탁을 해서 상대방이 곤란해하거나 부담스러워하면 어쩌지'라는 생각이 자리 잡고 있다.

분명 관계를 망치지 않고 적절한 균형을 유지하며 다른 사람에게 어떤 부탁을 하는 것은 무척 어렵고 섬세한 기술이 필요하다.

또한 '부탁을 해서 상대방이 곤란해하거나 부담스러워하면 어쩌지'라는 감정은 부탁하는 행위를 힘들어하는 사람들이 대부분 품고 있는 감정이다.

이것 역시 자기긍정감과 밀접한 관계를 가진다.

'부탁을 해서 상대방이 곤란해하거나 부담스러워하면 어쩌지'라는 생각은 결국 부탁은 상대에게 폐를 끼치는 것이며, 자신은 다른 이에게 부탁하거나 도움을 받을 가치가 없다는 사고가 밑바탕에 깔려 있기 때문이다.

그렇지만 부탁을 들어줄지를 정하는 것은 어디까지나 상대방이며 부탁을 하면서 상대방에게 미칠 영향까지 마음대로 생각하는 것은 타인에 대한 경계선 침범에 해당한다.

타인과는 도움을 주거나 도움을 받는 관계를 만들지 않고 안정된 생활을 유지하고 싶어 하는 사람도 많다. 하지만 상호 간에

무리하지 않는 범위에서 기분 좋을 수준의 도움이 오고 가는 것이 더 나은 인간관계를 만들 수 있다.

어느 정도 서로 돕고 도와주는 것에 익숙하며 또한 불공정한 감각이 느껴지지 않는 관계라면 그보다 풍요로운 인간관계는 없을 것이다.

궁지에 몰렸을 때 '그 사람이 도와줬으면', '그 사람에게는 부탁해도 괜찮을 거야'라는 마음이 생기고 서로 신뢰할 수 있는 관계를 누군가와 만들 수 있다면, 당신의 마음은 보다 안정될 것이다. 또한 지금보다 더욱 행복한 인생을 살게 될 것이다.

'그래서 난 안 돼'라는 질병을 치료하고
스스로의 이야기를 만들어 나가자

　　스스로의 기준에 따라 자신의 이야기를 살아
가는 과정을 방해하는 것, 인생의 시간을 빼앗는 것은 사회뿐만
아니라 당신 자신 속에도 웅크리고 있다.

　여기에서는 그 가운데 하나인 '그래서 난 안 돼'라는 질병에 대
해 이야기해 보자.

　'인생'이라는 이야기에는 '사건'과 '해석' 부분이 존재한다.

　'좋아하는 사람과 이어졌다', '목표로 했던 학교에 들어갔다',
'희망했던 회사에 취직했다', '업무로 큰 성과를 냈다'는 모두 사
건에 해당하며 이런 사건들은 해석에 따라 가치가 크게 변한다.

예를 들어 당신이 '명문대학에 들어가고 싶다'라는 생각에 열심히 노력해서 합격했다고 해 보자.

많은 사람은 이를 '노력이 보상을 받은 행복한 사건'이라고 해석하며 인생의 이야기에서 성공체험, 빛나는 에피소드로서 자리매김할 것이다.

그렇지만 세상에는 이런 사건조차 "우연히 명문대학에 들어가서 잠시 동안은 기뻤지만 그곳에서 만난 친구들은 훨씬 뛰어난 사람뿐이어서 노력을 해도 쫓아갈 수가 없었고 열등감에 시달리기만 했어요"라며 부정적으로 해석하는 사람이 있다. 피나는 노력을 해서 그 보상으로 결과가 나왔지만 스스로를 인정하지 못하는 경우이다.

그 결과 아무리 멋진 사건도 해석이 부정적이면 그 가치는 땅에 떨어지고 노력도 헛되어 버린다. 이런 성향을 지닌 사람은 세계 초일류 대학에 들어갔다 해도 마찬가지로 똑같은 해석을 내릴 것이다.

보다 나은 방향을 목표로 하며 발휘되는 노력은 그 자체로 존엄하며 칭찬받을 만하다. 그런 노력을 스스로 인정하지 못하는 것은 비극이다.

결국 과정에 대한 해석을 되도록 긍정적으로 바꾸어야만 한다.

아무리 좋은 결과에 이르지 못했다 해도 '그토록 노력했으니 내 밑거름이 되어주겠지', '그렇게 노력해서 지금의 내가 있는 거야', '그토록 노력한 나 자신을 칭찬해주고 싶어'라고 생각할 수 있다면, 그 노력에 큰 의미가 부여되고 결코 헛된 시간이 되지 않는다.

그렇지만 스스로를 인정할 수 없는 상태라면 아무리 노력을 거듭해도 자신을 긍정할 수 없을 뿐 아니라 오히려 '그렇게 노력했는데도 아직 이 정도라니 난 어차피 안 돼'라며 자기평가가 더 내려가게 된다.

그런 부정적인 해석은 쓸모없으며 당장 그만두어야 한다.

멋진 일이 결과로 나타나고 노력, 실적도 뛰어난데 모든 일에 부정적인 의미를 갖다 붙이며 모든 것은 자신 탓이며 그래서 본인은 글러 먹었다는 결론에 이르는 것은 일종의 질병이다. 소중한 인생의 이야기를 비참하게 만들어 버리는 사고는 당장 그만두어야 한다.

이런 성향의 사람은 있는 그대로의 자신을 긍정할 수 없다. '결점투성이라 해도, 할 수 없는 일이 많아도, 존재만으로 내게는 가치가 있어'라는 생각을 할 수 없기에 대다수의 타인이 가치를 인정해 주는 훌륭한 간판학교나 직업을 추구하기 쉽다.

그렇지만 노력을 거듭해서 나온 성과를 인정받거나 칭찬받음으로써 높아지는 것은 '나는 ~ 할 수 있다'는 자기효력감이나 자기평가이며, 이는 '어떤 일이 있더라도 나는 나라서 괜찮아'라는 자기긍정감과는 다르다.

노력의 결과, 간판을 손에 넣으면 일시적으로는 만족하고 자신감을 가지며 자기평가도 높아질 것이다. 그러나 그런 간판은 사실 스스로가 바라는 것이 아니라 부모 혹은 타인의 평가를 만족시키기 위한 것이기에 자신은 채워지지 않는다.

또한 간판은 어디까지나 간판에 불과하며 자신이라는 존재 자체로서의 가치와는 전혀 관계가 없기에 칭찬을 받아도 '기쁜데 뭔가 이상해'라는 생각이 사라지지 않으며 시간이 지날수록 그 생각은 커져만 간다.

더구나 많은 사람이 가치를 인정해 주는 간판은 당연하게도 인기가 많고, 따라서 반드시 경쟁이 수반되어 '타인과의 비교'가 발생한다.

세계는 넓기에 자신보다 뛰어난 더 많은 사람이 있고 타인과의 비교와 경쟁이 계속되는 한 만족감을 느끼지 못한다. 아무리 노력해서 훌륭한 간판을 얻었다 해도 경쟁에 지거나 잘되지 않을 때는 금세 '그래서 난 안 돼'라는 생각을 품는다. 이 질병의 구조는 악순환이다.

　이른바 '엘리트'라 불리며 지위, 연봉, 세상의 평가, 프라이드는 높지만 자기긍정감을 가지지 못하고 스스로의 이야기를 살아내 가지 못하는 악순환에 빠진 사람이 많다. 열심히 과업을 완수할수록 세상의 평가는 키 높이를 훌쩍 뛰어넘도록 높아지고 공허한 풍선처럼 팽창해 간다.
　하지만 그 풍선은 바늘 정도로 조그마한 충격에도 터져버리며, 그렇게 되면 스스로 다시 자책하며 괴로워하고 침울해지게 된다.

　진정 하고 싶지 않은 것, 당신을 충만하게 하지 않는 것, 행복하게 하지 않는 것으로 인해 인생의 소중한 시간을 허비하거나 일희일비하지 않기 위해서는 이 질병에서 벗어나야 한다.

'난 안 돼' 병을 고치는 방법

수많은 질병과 마찬가지로 이 질병의 첫 번째 걸음은 그것을 확인하는 것으로 시작된다.

이 질병은 뇌의 가장 깊숙한 곳에 잠입하며 제멋대로 발동되기에 알아채기 어렵지만, 실패했을 때나 잘되지 않는 일이 있을 때 자신의 사고를 주의 깊게 관찰해 보자.

'그래서 난 안 돼', '역시 난 가치가 없어'라는 사고가 떠오른다면 당신은 이 질병을 가졌을 가능성이 있다.

스스로는 '실패야', '잘 안 됐어'라고 생각한 일에 대해 신뢰하는 사람에게 이야기해 보는 것도 좋은 방법이다. 이야기 도중에 스스로 '그래서 난 안 돼'라는 생각이 이미 침투되었다는 사실을 알게 되거나, 대화상대에게 "그거 실패 아닌데?"라는 지적을 받거나 "좋은 경험 했네"라는 의외의 해석을 듣게 될지 모른다.

만일 구체적인 느낌이나 지적이 없더라도 '남에게 자신의 실패나 스스로의 결점에 대해 이야기하고 받아들일 수 있다'면 구원될 수 있으며 조금씩 스스로를 긍정할 수 있게 된다.

필자의 클리닉에는 개업 초기부터 사무 분야를 담당해 온 K

라는 여성이 있다.

그녀는 항상 노력하며 좋은 대학을 나왔는데도 좀처럼 자신을 긍정하지 못했다. 대단히 우수한 데다 업무수행능력도 뛰어난데 약간 허당기가 있어서 한두 달에 한 번 정도 황당한 실수를 저질렀다.

예를 들면 클리닉 개업할 때 K가 만들어준, 모든 서류 작성의 근간이 되는 마스터 데이터인 전화번호와 계좌번호가 잘못되어서 작성된 모든 서류가 다 엉망진창이 된 적이 있다. K는 완전히 풀이 죽었고 계속 사과를 했지만 어느 누구도 그녀를 책망하지 않았다. "K씨다운 작품이 나왔네"라며 웃었다. 실수나 실패를 감추지 않고 서로 책망하지 않고 오히려 감싸주었다.

그런 커뮤니케이션을 반복한 결과, 아무리 노력해도 자신감을 갖지 못했던 K도 최근에는 '이전보다 살아가는 것이 편해졌다'고 느낀다고 한다.

이 질병을 극복하기 위해 필요한 것은 스스로의 결점이나 약점을 부정하려는 노력이 아니다. 때로는 신뢰하고 안심할 수 있는 타인의 힘을 빌리며 자신의 '결점'을 조금씩 받아들여 가는 것이다.

'그래서 난 안 돼'라며 우울해하거나 주변의 평가에 일희일비하는 시간이 줄어들고, '결점도 스스로 사랑해야 할 일부분이다'라고 믿으며 그런 자신을 있는 그대로 인정해 주는 사람들과 지내는 시간을 늘려나가면, 어떤 실패를 하더라도 편하게 지나갈 수 있고 괴롭고 힘든 일도 긍정적으로 해석할 수 있게 된다.

그 과정은 바로 이 세계에 단 하나뿐인 당신 만의 이야기를 살아가기 위한 것이다.

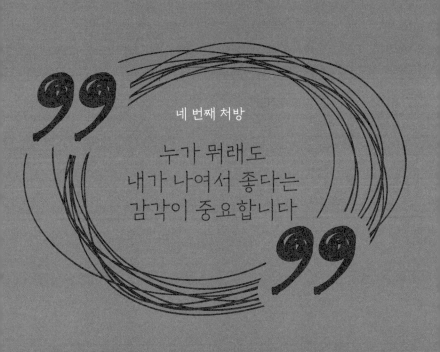

네 번째 처방

누가 뭐래도
내가 나여서 좋다는
감각이 중요합니다

'특별할 건 없지만
내가 나라서 괜찮아'라고 생각한다

이번에는 '자신을 긍정하는 것', '자기긍정감'에 대해 상세하게 이야기하겠다.

타인의 가치관이나 잣대에 NO를 선언하며 스스로의 기준으로 자신의 이야기를 살아갈 때 가장 중요한 것 중 하나가 자기긍정감이다.

자기긍정감이란 '특별할 건 없지만 내가 나라서 괜찮아'라는 감각을 말한다.

부족함이나 결점투성이라 해도 자랑할 것이 없다 해도 그런 자기 자신을 있는 그대로 받아들이고 사랑할 수 있다. 그것이 바로 자기긍정감이다.

하지만 자기긍정감을 못 가진 사람에게 그 감각을 전해주고 정확하게 이해시키는 것은 무척 어려운 일이다.

특히 자기긍정감은 자기평가와 혼동되기 쉬운데, '자기긍정감을 갖는 것'이 바로 '자기평가가 올라가는 것'이라고 생각하는 사람이 적지 않기 때문이다.

자기평가란 자신의 능력, 업무의 성과나 노력, 용모 등에 대해 외부에서 적용된 일정한 가치 기준, 잣대를 기반으로 스스로가 내리는 평가를 말한다. 예를 들면 "난 뛰어난 사람이야", "나는 예뻐", "~을 이뤄내다니 내 인생은 가치가 있어", 혹은 "난 열등해", "나는 못생겼어", "아무것도 이뤄낸 게 없다니 내 인생은 쓸모가 없어"라는 것은 모두 가치평가에 해당한다.

이를테면 "어떻게든 100점을 받아야만 해"라는 엄격한 평가를 내리는 환경에서 자란 사람은 자기평가 기준도 엄격해지기 쉽다. 그 결과 아무리 노력해서 좋은 성과를 내도, 남에게 아무리 높은 평가를 받아도 '난 아직 멀었어'라고 느끼기에 자기평가가 낮아진다.

엄격한 평가를 내리는 존재가 타인이라면 그 사람과 거리를 두고 그 사람의 말이 귀에 들어오지 않도록 할 수 있다. 그러나 낮은 평가를 내리는 것이 자기 자신이라면 어떻게 해야 할지 힘든 상황이 된다.

또한 자기평가가 낮으면 '나 같은 건 안 돼', '뭘 해도 글렀어'라는 기분에 빠지기 쉽다. 자기 효능감은 물론이고, 당연하게도 자기긍정감을 가지기 힘들다.

하지만 자기평가가 높다고 해서 자기긍정감을 얻을 수 있는 것은 아니다. 자기평가가 높은 사람은 스스로의 일의 성과나 노력, 용모 등에 그 나름대로의 자부심은 있지만 평가가 배제된 상황의 자신을 인정할 수 없으며, 어떤 기준을 충족했을 동안에만 '난 괜찮아'라고 생각하기 때문이다.

즉, 평가 결과나 평가하는 사람에 상관없이 타인의 가치관이나 기준으로 살아가며 '평가'라는 것에 얽매어 휘둘리는 한 좀처럼 자기긍정감을 가질 수 없다.

자기긍정감을 가지지 못하면 타인의 평가에 의해 스스로를 인정하려 하기에 더더욱 타인의 가치관이나 잣대에 얽매이는 악순환에 빠져버린다.

거꾸로 타인의 가치관이나 잣대에 NO를 선언하고 스스로의 기준으로 살아가게 되면 '평가'에 휘둘리지 않게 된다.

　　비로소 자신을 긍정할 수 있게 되는 것이다.

　　자기긍정감이 있으면 스스로를 책망하지 않을 수 있으며, 실패하더라도 '괜찮아', '어떻게든 될 거야'라는 생각을 품게 된다. 자신이라는 존재와 스스로의 행위를 분리해서 생각할 수 있게 된다.

　　결국 초조와 불안이 사라지고 마음에 여유와 자신감이 생기며 점차 스스로에게 좋지 않은 것, 맞지 않는 것, 불쾌한 것에 NO라고 선언하기 쉬워지는 선순환이 탄생된다.

　　'자기를 긍정한다', '자기긍정감을 얻는다'는 것은 가볍게 표현할 수 있는 간단한 것은 결코 아니다. 그렇지만 스스로에게 YES라고 들려주며 그것을 받아들이는 것은 결코 불가능한 일이 아니다.

　　그런 멋진 변화를 이루어낸 사람들을 필자는 실제로 직접 목격해 왔기에 그런 믿음이 있다.

　　다만 그 변화를 위해서는 꼭 갖추어야 할 조건이 있다.

그것은 바로 '자신을 일방적으로 판단하지 않으며 결함이나 결점을 인정해 주는, 신뢰할 수 있는 타인의 존재'이다.

신뢰할 수 있는 누군가를 찾아야 하는 이유

사람은 혼자 힘으로는 스스로를 긍정하기가 힘들다. 신뢰할 수 있는 타인과의 관계에서 'NO라고 해도 괜찮다'라는 체험을 거듭해 나가야 용기를 가질 수 있다

- **타인에 대한 신뢰** 한두 사람이라도 자신의 결점을 그대로 인정해 주는, 신뢰할 수 타인이 있을 것
- **세상에 대한 신뢰** 그런 타인이 존재하는 '세상' 자체를 신뢰하고 세상과의 연결을 느끼며, '이 세상은 결코 무섭지 않아', '나는 세상과 연결되어 있으며 혼자가 아니야'라고 느낄 수 있을 것
- **자신에 대한 신뢰** 타인과 세상의 존재를 의지하며 '나는 나여도 괜찮아'라는 자신에 대한 신뢰감을 품을 것

이 3가지가 반드시 필요하다.

가장 바람직한 상황은 부모나 가족이 최초의 '신뢰할 수 있는 타인'이 되는 것이다.

부모가 자녀를 무턱대고 판단하거나 아이에게 일방적으로 잣대를 들이대지 않으며 결함이나 결점도 온전히 받아들이는 모습을 보여준다면, 그리고 사랑과 더불어 "너는 너 자신 그대로 괜찮은 거야"라는 메시지를 전한다면 그 자녀는 자신에 대한 신뢰, '부모'라는 타인에 대한 신뢰, 세상에 대한 신뢰가 태어나며 자기긍정감이 키울 수 있다.

그러나 실제로는 그런 역할을 해내지 못하는 부모가 많은 것이 사실이다. 나아가 아이를 어른의 기준에서 보며 너무 엄격하게 판단하고, 자신의 잣대로 밀어붙이며, 자녀의 있는 그대로의 모습을 인정하지 않음으로써 자기긍정감을 완전히 말살해 버리는 부모도 적지 않다.

부모와의 신뢰 관계를 쌓을 수 없고 스스로에 대한 신뢰감을 가질 수 없는 아이는 자신의 힘으로 신뢰할 수 있는 한 명의 어른을 찾아 나설 수밖에 없다.

그 방법과 마음가짐에 대해서는 다음 챕터에서 자세히 다루겠으니 반드시 참고해 주었으면 한다.

'진정 신뢰할 수 있는
   한 명의 어른'을 찾으려면

　　당신이 자신의 시간과 에너지를 빼앗기고 필요 이상으로 인내를 요구당하며 살기 힘들다고 느끼는 '타인의 잣대'에 NO라고 말할 수 있게 되는 것.

　　스스로를 기쁘게 해주는 시간이나 에너지를 늘리고 자신의 기준에 기반하여 자신만의 이야기로 살아갈 수 있으며 진정한 의미로 충만해지고 행복해지는 것.

　　그것이 이 책을 통해 필자가 전달하고 바라는 바이다.

　　이제부터는 인생의 행복을 높이기 위한 요점에 대해 이야기해 보려 한다.

사회나 주변에 NO를 선언하는 것은 무척 어려운 행위이다. 거절하거나 상대와 거리를 두는 행위는 힘든 일이다.

'이 사람이 싫어하면 어쩌지?'

'앞으로 두 번 다시 이런 친구, 파트너를 만날 수 있을까?'

'아니라고 하면 업무가 꼬이거나 출세를 못 하면 어쩌지?'

'회사에서 따돌림을 당하거나 살기 힘들어지는 건 아닐까?'

어지간히 배짱이 두둑하지 않은 이상 막상 생각하는 바를 꺼내놓으려 하면 머리에서 맴돌기만 할 것이다. NO라고 말할 용기 대신 원치 않는 상황에 자신도 모르게 YES라 대답하며 받아들여 버리게 된다.

당장은 그쪽이 편하게 느껴지겠지만 원치 않는 YES가 거듭되다 보면 인생은 점점 더 자유롭지 않게 된다.

인생의 모든 것은 경험이다.

공부, 운동, 업무 그 모든 것은 처음에는 누구나 다 초보지만 경험을 쌓아가는 동안 성과의 차이는 있다 해도 조금씩 익숙해져 가는 법이다.

NO라고 말하는 것도 몇 번 도전해 보면 '의외로 괜찮은걸', '거절 때문에 다른 사람이나 사회의 연결이 완전히 끊어지는 건 아니네'라고 느낄 수 있을 것이며, 어느 사이엔가 '거절 때문에 멀어지는 사람과 일은 원래 내게 필요가 없었어'라고 느낄 수 있게 된다.

그렇게 되기 위해서는 'NO라고 선언하고 그것이 받아들여지는' 첫 번째 한 걸음이 필요하며, 그 한 걸음을 내딛기 위해서는 신뢰할 수 있는 사람과의 만남이 필요하다.

용기를 쥐어짜서 어렵게 NO라고 이야기했는데도 자신이 바라지 않던 결과로 끝나버린다면 그 후로는 거절하는 행위가 더 힘들어지게 된다.

처음에는 '이 사람이라면 거절해도 분명 이해해 줄 거야'라고 생각되는 사람을 대상으로 경험을 쌓아나가야 한다.

어린 시절의 경험이
거절에 약한 당신을 만들었을지 모른다

앞서 기술한 것처럼 성장기에 자기긍정감을 키워주고 거절하는 경험을 축적시키는 것은 부모나 가족이 완수해야 할 역할이다.

실제로 부모자식 관계가 좋고 어렸을 때 '아니라고 해도 허용된다'는 경험을 한 사람은 NO라 선언할 때 저항감이 적은 경향이 있다. 'NO라 해도 상대부모와의 신뢰 관계는 흔들림이 없어', 'NO라 해도 부모님은 나를 사랑해'라는 자신감이나 안심감, 자기긍정감을 얻을 수 있기 때문이다.

그렇지만 어렸을 때 그런 상황이 허용되지 않는 환경에서 자라면 NO라고 말하기가 공포스럽게 느껴진다. NO라고 할 수 있는 경험이 축적되지 않고 '타인과의 절대적인 신뢰 관계'가 존재한다는 사실을 믿지 못하며 세상에 공포심이나 불안감을 가지게 된다.

그런 사람이 NO라고 말할 수 있으려면 '진정 신뢰할 수 있는 한 명의 어른'을 만나 좋은 관계를 형성해야 한다. 이를 통해 '나는 NO라고 말해도 되는 사람', '내게도 NO라고 해도 깨지지 않는 인간관계가 있다'는 사실을 알고 그 끈을 통해 세상과의 연계를 실감할 수밖에 없다.

카드 게임처럼 처음에 뽑은 패의 영향이 크지만 어른이 되고 나면 인생이 뒤바뀔 수 있는 만남과 조우할 가능성은 충분히 존재한다.

나만의 단 한 명을 찾는 일,
그것은 인생을 위한 도전이다

하지만 "저는 그런 사람이 주위에 없어요"라고 말하는 사람이 많다. 반드시 그런 사람을 만날 수 있다고 대답하면 좋겠지만 확신할 수는 없다.

'진정 신뢰할 수 있는 한 명의 어른'을 만날 수 있을지는 장담할 수 없으며 누구나 반드시 만날 수 있을 거라고 확신할 수도 없다. 이제까지 의사로서의 경험, 치료하면서 실감했던 바다.

다만 확언할 수 있는 것은 행동으로 옮기는지, 계속 도전하는지에 따라 그 가능성은 크게 변한다는 사실이다. 필자가 아는 한 '진정 신뢰할 수 있는 한 명의 어른'을 만난 사람은 스스로의 세계를 바꾸기 위해 필사적으로 움직였고 도전을 계속 거듭했다.

설사 그 도전의 결과로 '그 누구도 믿을 수 없어'라는 절망을 껴안게 되거나, 때로는 상처를 입을지라도 결코 포기하지 말아야 한다. 좌절이 느껴지더라도, 당신이 만나고 있는 사람들 중 누가 더 '나은지', 누구를 '신뢰해서는 안 되는지'를 계속 고민해 주기 바란다.

이윽고 '어쩌면 이 사람이라면 믿어도 좋을지 몰라'라는 생각이 드는 사람을 만났다면 그렇게 생각한 이유가 무엇인지를 고민해 보자. 그리고 '이 사람과는 왜 맞는 걸까?'를 감각만이 아닌 정확한 언어로 표현해서 생각해 보자.

그런 실패와 도전을 계속해나가는 동안 마음속에서 조금씩 '사람을 간파하는 지성'이 길러질 것이다.

예전 동료 중에 이런 말을 해 준 여성이 있었다.

"지금까지 사귀었던 사람은 잘생겼는데 성격이 별로였던 남자들뿐이었어요. 그래서 잘생긴 남자는 인기가 있고 성격이 나쁘다, 못생긴 사람은 분명 좋은 사람일 거라는 생각을 갖게 되었죠. 어느 때 못생긴 사람과 사귀었었는데 그 사람도 성격이 별로여서 정말 혼쭐났죠."

그 사람은 예전에 잘생긴 사람은 성격이 안 좋다는 구닥다리

가설을 믿고 있었는데 그 이후로 여러 가지 경험과 실패를 거듭하다가 이제는 행복하게 살고 있다.

아무리 구닥다리 생각이라도 좋으니 언어화해서 표현하고 생각해 보는 것이 무척 중요하다. 언어화하면 가설을 세울 수 있고 가설을 세우면 검증할 수 있다.

그리고 가실과 검증이 가능해지면 스스로의 내부에 '법칙'이 생성된다.

그렇게 마음속 센서를 갈고닦으며 잘 듣게 하면 스스로에게 좋은 기운을 주는 이는 어떤 사람인지, 거꾸로 가까이해서는 안 될 사람은 어떤 사람인지 조금씩 학습이 될 것이다. 그리고 그 후에 '진정 신뢰할 수 있는 한 명의 어른'과의 조우가 기다릴지 모른다.

또한 '구체적인 그 누군가'라는 실마리 없이 세상과의 연계를 느끼는 사람도 있다.

예를 들면 어느 환자는 우연히 여행길에서 어느 신사에 갔다가 그 장엄함에 큰 감동을 받았다고 한다. 그때까지는 '진정 신뢰할 수 있는 한 명의 어른'을 만날 수 없었고 깊은 고독감을 안고 자기긍정감을 갖지 못하고 살아왔는데, 그 공간에서 문득 '나는 태곳적부터 면면히 이어진 공동체의 일원이며, 나는 세상의 일부이며, 세상은 나를 받아들여 주고 있어'라고 느꼈고 마음이 갑자기 편해졌다고 한다.

이처럼 편안한 소속감을 느낄 수 있는 분위기, 혹은 언제나 자신을 환영해주는 듯한 느낌이 드는 환경이나 분야 등도 세상과 연결되는 실마리가 될 수 있다.

그 밖에도 사람을 상대하는 것은 힘들지만 식물이나 동물을 무척 좋아해서 그들을 통해 세상과의 연결을 실감하는 사람이 있는가 하면, 소설이나 만화 캐릭터를 통해서 세상과의 연결을 실감하는 사람도 있다.

현대사회에서는 '현실에 충실할 것', '친구가 많을 것'이 덕목으로 여겨지기 쉽지만, 그것 역시 누군가가 만든 이의 가치관, 잣대에 지나지 않으며 혼자라는 사실을 부끄러워하거나 두려워할 필요는 없다.

친구가 없고 진정 신뢰할 수 있는 사람을 만날 수 없다고 해도, '세상과의 연결을 느끼게 해주는 무언가'를 발판으로 '내가 나여서 괜찮아'라는 감각을 얻을 수 있고 자신에게 좋지 않은 것, 맞지 않는 것, 불쾌한 것에 NO라고 할 수 있는 용기, 마음의 여유를 가질 수만 있다면 그것으로 충분하다.

문제나 고민을 써 내려가는 것만으로도
자기긍정감을 지킬 수 있다

자기긍정감에 대해 한 가지 더 전하고 싶은 중요한 사실이 있다. 그것은 스스로에 대해 머릿속에서만 '왜'라는 의문을 가져서는 안 된다는 점이다.

밤에 잠자리에 누워 문득 과거에 실패한 일이 떠올라서 '왜 그걸 못했지?', '왜 이렇게 못났을까'라는 생각이 들기 시작해서 잠들지 못한 그런 경험이 있는가?

자신에게 아무리 '왜'라는 질문을 던져봤자 진취적이며 건설적인 대답이 나올 확률은 극히 낮다. 결국 '난 안 돼', '그런 집에서 태어났으니 뭘'이라는 대답이 도출되고 스스로 의심할 여지조차 없어진다.

더구나 그 대답은 머릿속에서 계속 반추되고 강화되기만 해서 자신에 대한 평가는 점점 내려가게 된다.

결국 스스로에 대한 신뢰에서 더욱 멀어져 버리고 만다.

하지만 스스로를 되돌이켜 보는 과정은 제대로 된 방식으로만 이루어진다면 자기긍정감을 얻고 거절할 수 있는 힘을 키울 수 있는, 대단히 유효한 방법이다.

되도록 자신을 객관적으로 돌이켜봄으로써 타인과의 경계선이나 스스로가 지켜야 하는 영역, 정말 스스로 추구하는 바를 이해할 수 있게 된다.

그렇다면 어떤 방식으로 자신을 되돌아봐야 할까?

이때 도움이 되는 것이 '사고의 외재화'이다.

외재화Externalization란 스스로가 안고 있는 문제나 고민을 일단 자신의 밖으로 꺼내는 것을 말하며 구체적인 방법으로는 '써 내려가는 행위'를 들 수 있다.

예를 들어 당신이 상사에게 지시받은 업무를 달성하지 못하고 질타를 당해서 몹시 침울한 상황이라고 가정해 보자. 당신이 자책을 잘하는 사람이라면 자신도 모르게 '그러고 보니 전에도 똑같은 일이 있었어', '내가 능력이 없어서 같은 문제가 반복되는 거야'라는 생각이 들 것이고 결국에는 '이런 내가 무슨 가치가 있을까', '회사에서 내가 발붙일 곳이 있을까'라는 사고가 마이너스적인 감정으로 뒤바뀌게 된다.

그렇지만 '문자화'하고 '문장화'하는 작업이 개입되면 문제는 사고와 감정이 뒤섞인 머릿속에서 일단 외부로 꺼내지게 되고 객관적으로 파악할 수 있게 된다. '언제, 어떤 지시를 받아, 어떻게 작업을 진행했는지'를 정리하면서 써 내려가는 동안 그저 '내가 능력이 없으니까'라며 한탄하는 것이 아니라, '어디에 문제가 있었지?', '다음부터 어떻게 하면 될까'를 구체적으로 생각할 수 있게 된다.

또한 고민과 문제를 문자화하면 신뢰할 수 있는 제삼자에게 보여줘서 어드바이스를 받을 수도 있다.
어쩌면 제삼자에 의해 당신의 능력이나 작업의 진행방식이 아닌, 상사가 지시를 내리는 방식에 문제가 있었다는 사실이 밝혀질지도 모른다.

'사고의 외재화'는 다양한 장면에서 도움을 준다.

예를 들면 '누군가의 언행에 어쩐지 개운치 않은 느낌'이 들었을 때는 '어떤 사건이 있었고 어떻게 느꼈는지'에 관해 써 내려가 보자.

언어화함으로써 풀리지 않는 이유나 정체가 명확해지면, 원인 모를 불쾌감을 껴안은 상태보다 훨씬 개운해질 것이다.

스트레스가 쌓였을 때는
타인에게 물어보는 것도 좋다

'참을성'이 많을수록 남에게 푸념하기가 힘든 경향이 있으며 스트레스가 쌓인 끝에 결국 업무에서 받은 스트레스를 집으로 돌아가 다른 방향으로 풀어 버리는 안타까운 경우도 있다.

스트레스와 잘 지내기 위해서라도 되도록 가볍게 서로 투정을 부리는 친구를 찾는 것도 좋은 방법이다.

만일 그런 친구를 찾을 수 없다면 상담을 받는 것도 하나의 방법이다. 요즘은 집 근처에서도 상담소를 쉽게 찾을 수 있다. 대면이 힘든 사람은 온라인 상담 서비스도 가능한 세상이다.

심리 상담에 대해 부정적인 생각을 가지고 있다면 그런 사고방식은 떨쳐 내자. 마이크로소프트의 창시자 빌 게이츠, 구글의 전 CEO 에릭 슈밋 등 세계적인 기업의 경영자는 모두 상담 상대인 코치를 두고 있으며 많은 비용을 지불한다.

우리는 스스로의 부정적인 감정이나 문제를 조금 더 다른 누군가와 공유하고 마음의 건강을 유지하는 데 적극적이어야 한다.

필자는 몸과 마음의 균형이 무너져서 일을 쉬고 있는 환자에게는 '자신의 신체적 니즈'를 글로 써보라고 권유한다.

'신체적 니즈'란 '피곤해서 쉬고 싶어', '지금 ~가 먹고 싶네'와 같은 것이다. 몸과 마음의 균형이 깨져버린 환자 중에는 먹는 시간과 잘 시간을 아껴가며 일을 하거나 오로지 회사나 사회의 요구에 따라 살아온 결과, '정말 내 몸이 원하는 건 뭘까'를 느낄 수 없게 된 사람이 많다. 부모의 기준이 우선시 되는 가정에서 자란 아이, 남편이나 아이의 상황을 우선시하는 걸 당연히 여겼던 전업주부, 가정을 위해 돈을 버는 데만 집중했던 가장도 마찬가지이다.

"오늘 메뉴는 뭘로 할까요?", "지금 먹고 싶은 건 뭐죠?"라고 질문을 해도 부모, 배우자, 아이가 먹고 싶은 것을 우선시했기에 '자신이 먹고 싶은 것'을 떠올리지 못한다거나 무엇이 먹고 싶은지 알 수 없어지기 때문이다.

하지만 그 누구에게나 반드시 '신체적 니즈'는 내부에 감추어져 있다. 우리는 갓난아이 때부터 스스로의 니즈를 전신 전력을 다해 주장해 왔기 때문이다.

보이기 힘들어진 그것을 발견하고, 외재화해서 채워나가는 과정. 타자의 니즈에는 일단 NO를 선언하고 자신의 신체적 니즈에 YES라고 해주는 것.

이런 과정 역시 자신과 타인 사이의 경계선을 만들어주고 스스로의 영역을 지키고 과도하게 인내하지 않으며 스스로의 기준에 기반한 자신만의 이야기를 살아갈 때 무척이나 중요하다.

누구나 완벽해질 수는 없다,
스스로를 용서해 주자

NO라고 말할 수 있는 사람이 되는 것, 스스로의 기준으로 살아가는 것은 그저 제멋대로 살아가는 것, 닥치는 대로 살아가는 것과는 다르다. 우리가 목표로 삼아야 할 지점은 타인과 공정한 관계를 만드는 것이다.

예를 들어 직장에서 과중한 업무를 떠맡거나 다른 사람이 해야 할 일을 무리하게 요구받는 일이 잦아져서 '부당하다'고 느껴진다면 그때는 명확히 NO라고 말하고 경우에 따라서는 직장 자체를 바꿀 생각까지 해야 한다.

그렇지만 급여에 적합한 범위로 맡겨진, 타당한 업무를 단순히 '하고 싶지 않아서'라는 이유로 거절한다면 그것은 그저 제멋대로일 뿐인 행동이다.

당신의 자기평가를 떨어뜨리고 존엄성을 해치는 발언을 하는 사람, 터무니없는 요구만 하는 사람에게는 명확히 NO라고 선언하며 거리를 두고 스스로의 몸과 마음을 지켜야 한다.

그렇지만 단순히 '저 사람은 내 마음대로 안 되니까'라는 이유로 인간관계를 점점 끊어나간다면 주변에 어느 누구도 남지 않게 된다.

정의감에 취하는 것이 위험한 이유

최근에 SNS 등을 통해 '상식'이나 '정의'를 내걸고 그것을 근거로 "내 입장은 완전히 옳아"라며 의심할 여지없이 믿고 그런 입장에서 타인을 판단하고 공격하는 것을 보면 안타까움을 넘어 일종의 절망감마저 든다.

상대방의 사정을 다 알지도 못하는 상태에서, 어떻게 자신의 입장이 절대적으로 옳다고 결론을 내릴 수 있는 것인지 의아한 생각이 든다.

사실 정의감이란 대단히 성가신 감정이다.

정의감에 불타올라 '잘못된 타인, 나쁜 상대방을 혼내주자'라는 생각에 촉발되면 인간은 '정의의 집행'이라는 쾌락에 완전히 취해버리기에 스스로의 잘못을 의심하지 않게 되며 상대방의 사정을 되돌아볼 수 없게 된다.

스스로의 기준에 기반하여 살아간다는 것은 '자신은 완벽하게 옳다'고 맹신하고 자신의 가치관에 의해 타인을 단죄하고 타인에게 자신의 잣대를 밀어붙이는 것이 아니다. 그것 역시 완벽한 경계선 침범이며 결국은 자신의 경계선도, 스스로가 지켜야 할 영역도 인지하지 못하게 된다.

정의감에 사로잡혀 타인을 공격하는 사람은 스스로의 실천에 의해 세워진 가치관이 아니라 타인이 만든 가치관에 편승하여 타인을 판단하거나 스스로가 이전에 느낀 적이 있는 고통을 멋대로 해석하고 편의적으로 받아들여 무턱대고 불쾌해진 기분으로 상대를 두들겨버리는 경우가 대부분이다.

모든 부분에서 진정 스스로를 이해하는 성숙한 사람은 자신의 결점이나 모자란 부분을 남들이 인정해주고 있다고 여기며 그

만큼 타인의 결점이나 결함에도 관용적이다.

　'나를 비롯한 인간은 결코 완벽하지 않고 약한 부분이나 교활한 부분도 있으며 실패나 잘못을 범하는 경우도 있다', '사람에게는 누구나 사정이 있으며 그것을 고려하지 않고 일방적으로 판단하고 공격하는 것은 영역을 침범하는 것이다'라는 사실을 마음속으로 이해하기 때문이다.

　그렇지만 '내가 나여서 괜찮아'라는 감각을 가지지 못하는 사람은 어떻게든 타인의 영역을 신경 쓰게 된다.

　그 결과 '나는 이토록 참고 사는데 자기 좋을 대로 하다니', '그럴싸하게 나대기만 하고'라는 느낌이 들거나 다른 사람과 동일한 가치관이나 기준을 공유하면서 스스로를 안심시키려고 하거나 타인의 실패나 실수, 잘못을 책망함으로써 자신의 '올바름'을 확인하고 상대적으로 스스로의 가치를 높이려 한다.

　또 한 가지, 언제나 듣기 좋은 말만 하는 사람, 어떤 말을 해도 항상 동조해 주는 사람만을 옆에 두면서 뼈에 사무치는 충고를 완전히 차단해 버리는 것은 좋지 않다.

　공정한 관계에서 멀어져 버리게 되기 때문이다.

내가 틀릴 수도 있다는 감각이야말로
진정한 자기긍정감이다

진정 당신과 함께 서 있는 사람의 사랑이 담긴 비판은 명확히 살펴보아야 한다.

타인의 충고나 어드바이스를 자신의 감각으로 확실하게 음미한 후, 지나쳐도 좋을 것, 듣지 않아도 될 것은 버리고 함께 나아가야 할 것, 들어야만 하는 사항은 성실하게 귀를 기울이는 것은 인간의 성장에서 결코 빼놓을 수 없는 과정이다.

몇 살이 되었건 어떤 입장에 놓였건 인간은 항상 '내가 틀렸을지 몰라', '지금 나는 아직 부족해'라는 마음을 마음 한구석에 남겨 놓는 것이 좋다.

이것은 물론 '나 같은 건 완전히 틀렸어'라는 자기부정과는 다르다. '나는 100% 옳아'라고 믿어 버리는 것과 '나는 100% 잘못되었어'라는 생각은 모두 극단적이며 결코 건강한 상태라 할 수 없다.

또한 '어쩌면 지금 내가 틀렸을지 몰라', '지금 나는 아직 부족한 부분이 있어'라고 생각하는 것은 '내가 나여서 괜찮다'라는 자기긍정감과 모순되지 않는다.

'나는 완벽하지 않으며 안 좋은 면도 있지만 나름대로 노력해 온 건 인정해 주자. 아직도 개선할 수 있는 부분은 있고 앞으로도 잘 고쳐나갈 수 있을 거야.'

바로 이것이 자기긍정감의 바른 존재 방식이다.

자신이 '부족하다'라는 이유를 근거로 스스로에게 NO를 선언할 필요는 없다. 오히려 '아직 부족한 점이 있구나'라는 감각을 얻을 수 있다는 사실은 항상 목표로 할 방향성이 주어진다는 것이므로 무료하지 않으며 편안한 기분마저 가져다준다.

스스로의 기준으로 살아간다는 것은 소중하게 여기는 사람들과 서로 영역을 침범하지 않는 적절한 거리감으로 자신과 상대방의 상황을 모두 중시하며 서로 양보하고 절충하며 유연하게 나아가는 것이며 자신과 상대방을 서로 지켜주고 위로하는 것이다.

'나는 진정 옳아', '나는 완벽해'라는 사고는 자신만을 지키는 행위이며 변화를 거절함으로써 타인과의 양보와 절충의 가능성을 없애버린다. 만일 당신이 '정의의 감각'에 자극을 받으며 타인을 일방적으로 책망하거나 남에게 일방적으로 요구하는 마음이 생겨난다면 일단 생각을 멈추고 다시 되돌아보자.

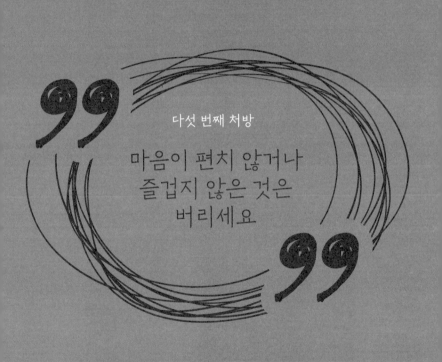

다섯 번째 처방

마음이 편치 않거나
즐겁지 않은 것은
버리세요

마음 편하게 살기 위해서는
무엇보다 싫은 것에서 도망치자

남녀노소를 불문하고 대부분의 사람은 '사회인이니까', '어른이니까', '일이니까'라는 말을 당연하게 받아들이며 많은 것을 참고 있다.

사회인이기에 취미나 가족 모임, 친한 친구와의 교류보다 업무를 우선시해야 하며 몸 상태가 안 좋더라도 출근해야 한다. 어른이기에 까다로운 사람이나 싫은 사람도 상대를 해야 한다. 업무니까 즐겁지 않은 작업이라도 계속해야 한다.

그 차이는 있을지라도 누구나 그런 생각을 품고 있을 것이다.

물론 부정할 수 있는 일은 아니다.

생활을 위해서는 일을 해야만 하고 상대하기 힘든 상사나 거리감이 느껴지는 동료와도 함께 업무를 하거나 고된 작업을 해야만 하는 상황이 있다.

그러나 너무 무리하면 인간의 몸과 마음은 반드시 "더 이상의 작동은 위험하다"라는 경고를 보낸다.

"아침에 아무리 해도 일어날 수가 없어요", "기분이 확연하게 축 처져요"라는 증상이 나타난다. 그보다 선행해서 원인불명의 두통, 위통, 설사, 현기증, 습진 등의 증상이 몸에 나타나는 경우도 있다.

그리고 세상에는 그런 상대방과 업무가 '자신과 맞지 않는다'는 사실조차 눈치채지 못하는 사람도 많다.

대표적인 예로 가족을 들 수 있다. 이 사회에는 "부모는 자녀를, 자녀는 부모를 사랑하는 것이 당연하다", "혈연관계는 서로를 이해할 수 있다"라는 사고가 깊숙이 침투해 있다. 부모와 자식, 형제라 해도 실제로는 맞지 않는 상대가 있는 것이 당연한데도 그런 사고에 눈이 멀어 '근본적으로 가족과 맞지 않는다'는 사실을 알아채지 못하는 사람이 적지 않다.

가족 모두가 선생님이어서 어렸을 때부터 '선생님이 되는 것이 당연'한 환경에서 자란 경우처럼 자신의 성향과 맞지 않는다 해도 그것을 알아채지 못한다. 그 결과 '선생님은 내 천직이어야 하는데 어째서 이렇게 일하는 게 괴롭지'라며 괴로워하기도 한다.

'잘하는 일'을 직업으로 삼은 경우는 더욱 골치 아프다.

'잘하는 일'과 '좋아하는 일', '맞는 일'은 다르지만 혼동되기 쉽다. 계산을 무척 잘해서 경리 업무를 하고 있지만 원래는 영업이나 접객처럼 사람을 상대로 하는 일을 좋아하는 사람도 있는 것이다.

'잘하지만 정말 하고 싶은 생각이 안 드는 일'은 결과는 잘 나오기에 칭찬을 받게 된다. 결국 칭찬에 취해 눈이 가려져서 '하고 싶지 않다'는 자신의 진정한 마음을 알아채기 어려워진다.

그렇지만 '원래는 하고 싶지 않은 일'을 계속해나가다 보면 조금씩 마음속의 '무엇인가'가 깎여나가게 된다. 매일 1%씩 에너지를 빼앗기는 그런 느낌이다.

또한 '나쁜 사람은 아니고 적대감이 느껴지는 것도 아닌데 어쩐지 힘들다'고 느껴지는 상대방도 있다. 그런 사람이 있다면 명확한 이유는 모른다 해도 약간 거리를 두는 것이 좋다.

노골적으로 싫다거나 충격을 받은 경우와는 달리 '소모되고 있다'는 자각이 없는 만큼, 알게 되었을 때 이미 초주검 상태가 되는 경우도 있으며 거리를 두고 나서 비로소 상처 입고 있었다는 사실을 알게 되거나 싫어하는 이유가 언어로 표현되기도 한다.

거리를 두어보았지만 역시 그 상대가 '필요하다'라고 느껴진다면 다시 돌아가면 될 일이다.

살아가면서 맞지 않는 상대와 맞지 않는 일에 적응하는 스킬과 방법론을 몸에 익혀서 손해 볼 일은 없다. 그러나 길게 보면 원래 내게 '맞지 않는 것'을 명확히 구분하는 능력을 갖추는 편이 훨씬 유익하다.

그렇다면 어떻게 하면 그런 능력을 갖추게 될까?

우선 자신의 몸이 보내주는 신호에 민감해져야 한다.

맞지 않는 것, 힘든 것이 앞에 있으면 신체는 무척 정직하게 반응한다. 그러나 머리뇌는 사고나 만들어진 감정에 지배되기 때문에 알아채지 못하는 경우가 많다. 신체에 갖추어진 신경계 센서는 무척 우수하며 그 환경에서 발생되는 모든 신호를 감지하고 자신에게 그곳이 안전한 지를 판단한다.

그곳이 자신에게 '위험한 장소', '불쾌한 장소'라고 판단되었을 때, '어쩐지 괴롭다', '구토기가 있다', '왜 그런지 배가 아프다'라는 거부반응이 나타나게 된다.

이는 이성이나 이치를 능가하는, '야생의 감각'이라고 해야 할 것이다.

또한 야생의 감각을 연마하면 '맞는 것'과 '맞지 않는 것'을 감각적으로 판단할 수 있게 된다.

어느 선배 의사가 가르쳐준 방법을 간단히 소개해 보자.

우선 일상생활에서 나름대로 '아아, 기분이 좋네', '즐겁구나'라고 느껴지는 순간을 찾아보자. 그리고 그렇게 느끼는 순간을 만난다면 그 느낌을 음미하면서 이런저런 상상을 해 보자.

'이 기분 좋은 느낌을 더 좋게 하려면 어떻게 하면 될까?'
'어떤 것이 있으면 더 좋아질까?'
'뭐가 없어지면 더 좋아질까?'

그저 상상이므로 실현 불가능한 것, 비도덕적인 것, 말로 표현할 수 없는 것이라도 괜찮다.

'기분이 좋다'는 감각에 푹 빠져서 오로지 여러 가지 공상을 계속해 보자.

이때 '왜 기분이 좋은 걸까?', '왜 기분이 나쁜 걸까?'라는 생각을 할 필요는 없다. 이유를 생각하면 야생의 감각이 줄어들기 때문이다.

보다 간단하게 '맞지 않는 것', '힘든 것'을 발견하는 방법도 있다. 그것은 '체감시간의 길이'이다.

좋아하는 일을 할 때와 그렇지 않을 때는 같은 한 시간이라도 느끼는 시간이 전혀 다르다.

예를 들어 회사에서 고단한 업무를 꾸역꾸역 하고 있을 때, 따분한 회의에 참석했을 때, 힘든 사람과 이야기할 때는 시간이 더디게 흘러가는 것처럼 느껴진다. 계속해서 시계를 보며 '아직 5분밖에 안 지났어', '10분밖에 안 됐어'라며 절망적인 기분이 들게 된다.

그렇지만 재미있는 책이나 게임에 집중하거나 좋아하는 사람과 즐겁게 이야기하면 시계를 볼 생각조차 들지 않으며 시간이 순식간에 지나가 버린다.

체감 시간은 놀라우리만큼 정직하게 '자신이 그 시간을 즐기고 있는지', '기분 좋게 시간을 보내고 있는지'를 가르쳐준다. 그러므로 '시간이 더디게 흘러가네'라고 여겨지는 업무, 장소, 사람은 되도록 스스로 거리를 두는 것이 좋다.

싫은 것에서 멀어진다.
바라는 것이 아니라면 거부한다.
맞지 않는 것은 그만둔다.
이는 모두 기분 좋게 살아가기 위해 습득해야만 할 필수적인 기술이다.

처음에는 '그렇게 해도 될까', '상대방이 싫어하면 어쩌지'라는 머릿속 목소리가 훼방을 놓고 능숙하게 잘되지 않을 것이다.
그렇지만 실패하고 상처를 입으면서도 노력을 계속해나가면 조금씩 자신에게 맞지 않는 것을 찾아볼 수 있게 되고 도망가거나 거부할 수 있게 된다.

맞지 않는 일이나 상대방에게 맞춰주려는 노력을 하는 것보다는 진정 자신에게 맞는 일이나 상대를 찾아서 그 관계를 심화시키는 것이 2천 배 이상의 가치가 있다.

또한 '이건 기분이 썩 안 내키네', '이 사람과는 왠지 맞지 않아' 라는 정직한 감각은 자신에게 대단히 중요한 데이터이므로 기억에서 삭제시키지 말고 별도의 칸 속에 소중하게 보존해 두자.

'나이', '성별' 같은 틀에
현혹되지 않는다

사회는 끊임없이 수단을 바꾸고 형태를 변화시키며 시대에 맞는 다양한 틀을 만들어서 우리를 자유롭지 못한 감옥 속에 밀어 넣고 자신의 이야기로 살아갈 수 없게 만든다.

그것은 집단으로 살아가는 인간이 가지는 본능적인 폐쇄성, 미지의 세계에 대한 공포심에서 기인할 수 있다.

이해 가능한 틀을 만들어 버리면 안심할 수 있고 그 틀에서 벗어나는 것은 의미가 불명확하다며 기피할 수 있기 때문이다.

'나이'라는 틀도 그중 하나다.

사람은 필연적으로 나이를 먹으며 연령이 쌓일수록 경험치는 높아진다.

그렇지만 나이를 기준으로 기계적으로 '어리니 미숙하다', '나이를 먹어서 성숙하다'라며 결론을 내리거나 '아이는 아이처럼 행동해야 해', '한창일 때니까', '어른이니까'라며 행동을 제어하는 것은 터무니없다.

　　인간의 성숙도는 모두 다르다.
　　어리지만 무엇이든 잘하는 사람, 경험이 부족하더라도 상상력으로 채워 넣을 수 있는 사람이 있는가 하면 나이를 먹어도 경험이 성장이나 성숙으로 이어지지 않는 사람도 있다.
　　상대방을 잘 이해하지 못하면서 나이만으로 결론짓는다면 중요한 사실을 놓치게 된다.

　　'이제 그럴 나이니까'라며 하고 싶은 일을 참거나 어느 정도 나이가 들고나서 진정 하고 싶은 일을 시작하는 사람에게 "그 나이에"라며 비웃는 것도 안타깝고 유감스러운 일이다.

　　스스로가 하고 싶은 일을 시작하는데 너무 늦은 나이란 존재하지 않는다. 인간은 어느 순간이라도 지금 바로 이 순간이 자신의 인생에서 가장 젊기 때문이다.

30대, 40대는 10대, 20대를 돌아보며 '그때는 젊었어'라고 느낄지 모르지만 그들이 다시 50대, 60대가 되면 30대, 40대를 돌아보며 '그때는 젊었어'라고 느낄 것이다.

우리를 얽매는 또 하나의 틀은 '성별'이다.

최근에는 잘 들리지 않지만 "여자는 여자답고, 남자는 남자다워야지"라는 말이 있다.

자기 의견이 강하고 활동적인 여성을 경원시하거나 경쟁을 회피하거나 소극적인 남성에게 남자답게 행동하라는 충고는 이전에는 흔하게 이루어졌다.

자신이 진정 하고 싶은 일이나 바라는 삶의 방식을 단지 성별의 이유로 거절당하는 것은 비상식적인 일이다.

남녀의 신체 구조가 다른 것은 변함없는 사실이다.

남녀의 결정적인 차이는 단지 그것뿐이다.

인간의 성격과 사고방식은 모두 개별적으로 다르다.

'논리적', '호전적', '자립적'이라는 특성은 어떤 성별의 특성이 아니며, 마찬가지로 '감정적', '우호적', '협력적'이라는 특성도 어느 특정한 성별의 전유물이 아니다.

그렇지만 긴 역사 속에서 인류는 여성과 남성이라는 틀 속에서 다양한 의미와 역할을 부여받았고, 그것이 어렸을 때부터 교육에 의해 두뇌에 입력되어 있기도 한다.

　　예를 들면 아이들의 성별에 따라 색상을 분리하거나 소지품의 모양과 색상 등에서 차이를 두는 것을 우리는 의심할 여지없이 받아들여 왔다.

　　하지만 그 모든 것은 어떤 근거도 없는 행동이다.

　　누군가 어떤 시점으로 마음대로 만든 기준에 불과하다.

　　이와 같은 '만들어진 성 역할'이나 '만들어진 남녀의 차이'가 어느 정도 고도경제성장기에 역할 분할을 통한 사회 운영에 편리하게 이용되었다는 사실도 이해할 수는 있다. 단, 그 틀로 인해 고통을 느끼는 사람에게 "그 틀은 어디까지나 타인을 조악하게 이해해서 안심하기 위해 만들어진 것이니 괴로워하기보다는 무시하라"는 말을 들려주고 싶다.

　　인식하지 못하는 사이에 우리에게 입력된 가치관, 어느새 강요된 답답한 틀은 도처에 존재한다.

　　그리고 대부분의 사람은 그것에 과도하게 적응하면서 그 가치관을 받아들이고 그 틀의 범주 안에 있다는 사실에 안심하며 안

락함을 느끼고 '좋은 것'이라고 굳게 믿으며 다음 세대에게 선의로 그것을 강요한다.

거듭 강조하지만, '틀'은 타자를 조악하게 이해하기 위해 그들의 편의로 만들어진 것에 불과하다.

단지 그런 틀일 뿐인데도 무시할 수 없을 만큼 위화감이나 어려움을 느끼는 사람도 있는가 하면 나이나 성별 등을 이유로 무작정 자신의 가능성을 부정해 버리는 사람도 있다.

지금 현재를 보다 잘 살아내기 위해 불필요한 틀은 삭제해 버리자.

자신을 얽매고 있는 가치관, 스스로를 숨 막히게 하는 틀이 무엇인가를 알아내고 그것이 진정 현재의 자신에게 유용한지를 검증하고 '불필요하다'라고 판단된다면 삭제해야 한다.

가장 새로운 환경에 맞추어 점점 업데이트시켜 나간다면 지금까지는 생각도 못 했던 새로운 풍경이 눈앞에 펼쳐질 것이다. 그것이 나만의 이야기를 살아가기 위한 첫걸음이 될 것이다.

기분이 울적할 때
중요한 의사결정을 내리지 않는다

 어느 정도 나이가 들고나서 항상 명심하는 점이 있다. "기분이 울적할 때는 절대로 중요한 의사결정을 하지 않는다"는 것이다.

기분이 다운되면 자기평가가 내려가고 자기긍정감이 소실되어 버린다. '나 같은 건 뭘 해도 안 돼', '가치 없는 인간이야', '난 행복해질 권리가 없어'와 같은 감상에 빠지기 쉽다.

그런 상황에서 중요한 일을 결정하면 부정적인 선택을 해버리기 쉽다.

예를 들면 일에 관한 결단을 내려야 할 때, 자신감을 가지고 대처하면 충분히 해낼 수 있는 문제라도 침울한 상태에서는 소극적인 선택을 하거나 거꾸로 자포자기해서 무모한 선택을 해버리기 쉽다. 연애에 관련된 결단을 내려야 하는 경우라면 '나 같은 게'라는 생각에 뒷걸음질 쳐서 모처럼 만난 사람을 놓칠 수도 있다.

혹은 일부러 자신에게 맞지 않는 진로를 선택하거나, 누가 봐도 '행복해질 수 없는' 길을 선택하거나, 진정 NO라고 선언해야 할 일에 거절할 용기나 에너지를 갖지 못하고 YES라고 대답해 버리기도 한다.

중요한 결단을 내려야 할 때는 우선 자신이 어떤 상태인지를 확인해 보자. 적극적인 기분인지, 평온한 상태인지, 침울한지를 체크해 보자.

그리고 정상적인 판단이 불가능할 정도로 붕붕 떠 있을 때, 단, 기분이 상기되어 있을 때는 스스로가 그렇다는 사실조차 알 수 없는 가능성이 있다 침울할 때는 중요한 결단을 뒤로 미루고 다시 한번 냉정하게 생각해 보자.

필자는 몸과 마음의 균형이 깨진 상태에서 "바로 복직하고 싶은데 이런 상태로 직장에 돌아가도 될지 망설이고 있다"라거나 "평상시 부모님과 관계가 별로 좋지 않았는데 상황이 안 좋으면 집에 들어오라는 말을 듣고 망설여진다"라며 고민하는 환자에게 "지금 당장 결단 내리는 건 잠시 접어둡시다", "자신감을 가지고 결론을 뒤로 좀 미뤄보죠"라고 말해준다.

원래 어떤 일을 뒤로 미루는 행위는 인간에게 편안하며 좋은 기분마저 준다.

어떤 결정을 내려야 할 때는 그 나름의 힘과 기운이 필요하다. 몸 상태가 무척 안 좋고 기운이 나지 않을 때 일부러 결단을 내리는 행위를 할 필요는 없다.

'뒤로 미루는 것은 좋지 않다'라는 사회통념으로 뒤로 미루는 행위에 대해 필요도 없는 죄책감을 느끼는 사람이 적지 않다. 그러나 몸과 마음이 조화롭게 원활히 작동할 때 느긋이 검토할 수 있는 문제를 서둘러서 결론을 내리려는 것은 좋지 않은 결과만 불러오게 된다.

그런 사람에게 "지금 당장 결단 내리는 건 잠시 접어둡시다", "자신감을 가지고 결론을 뒤로 좀 미뤄보죠"라고 하면 이제까지 절박한 표정을 지었던 사람이 거짓말처럼 단숨에 안심하는, 밝고 평온한 표정으로 변한다.

중요한 일일수록 합리적인 판단이나 그에 필요한 정보수집도 요구된다. 사전 작업을 확실하게 실행한 이후에 의사결정을 해야 후회하지 않을 것이다.

중요한 사항이므로 다시 한번 말해두겠다.

인생에는 뒤로 미루어도 괜찮은 일이 많다.

기분이 울적할 때는 중대한 결론을 내리지 말고 자신감을 갖고 뒤로 미루어보자.

자신감을 회복하는 '휴식법'을 알자

현대인은 잘 쉬지 못하는 경향을 보이기 쉽다.

서양의 경우, 바캉스라는 장기휴가제도가 인정되어 모두 그 시간을 활용하는 데 비해 쉬는 날이 적고 쉰다는 것 자체가 익숙하지 않은 사람도 많다.

일을 계속하기 힘들어진 사람에게 "일정 기간 동안 쉬시는 게 좋겠습니다"라고 말하면 상당한 저항감을 보이는 경우가 있다. 쉰다는 것 자체에 죄책감을 느끼거나 '쉬어 버리면 두 번 다시 돌아갈 수 없을지 모른다'는 불안감을 느끼는 사람이 적지 않다.

하지만 일단 휴식을 취해 보면 대부분 '이제까지 자신도 모르게 상처를 입고 있었다'는 사실을 알게 된다.

"실제로 그 공간직장에서 벗어나 보고 스스로가 무척 무리하며 살았다는 사실을 알게 되었어요."

"쉬고 있을 때 잠시 일이 생겨서 직장에 갔는데 발걸음이 무겁고 그제야 직장에서 상당히 큰 정신적인 상처를 입었다는 사실을 알게 되었죠."

"처음에는 쉰다는 사실에 죄책감이 있었는데 그 이상으로 엄청난 몸의 해방감을 느낄 수 있었고 사나흘 지나니 죄책감은 약간 가벼워졌죠."

실제로 휴직을 했던 사람들이 들려준 말이다.

휴직의 가장 큰 장점은 자신의 마음을 알아차리는 것에 있다.

우리는 매일 직장 등의 환경에서 다양한 자극을 받지만 '이건 나한테 맞지 않아', '지금 내가 상처받고 있구나'를 명확히 특정하지 못하고 지나가 버린다.

특히 그 환경에 완전히 잠겨있을 때는 '어쩐지 마음이 무겁네', '저 사람의 존재가 스트레스'라는 정도는 느끼지만 자신의 마음을 무겁게 만드는 것의 정체는 무엇인지, 그 사람의 어떤 부분이 맞지 않는 것인지는 확실히 자각하지 못한다.

스스로 느낀 여러 감정을 '없던 일'로 치부하면서 나날의 노력을 쌓아나가기 위해 참아내고 있기 때문이다.

하지만 그곳에서 물리적인 거리를 두고 일단 직장과 자신의 상태를 멀리서 바라봄으로써 어느 정도로 자신의 체력과 마음을 소진시켰는지 깨닫게 된다. 그리고 휴직 기간의 효과가 나타나면 대부분 두 번 다시 '이전처럼' 노력하지 않게 된다.

그래도 불안하게 느낄지 모르겠다. 그러나 복직에 성공한 사람들은 대부분 자신이 노력했던 부분을 재검토하거나 헛되이 애쓰기만 했던 부분을 찾아내며 "힘들게 결심을 해서 쉬어 보았는데 정말로 좋았어요", "그토록 애쓰기만 했다니, 그 생각에 소름이 끼쳤죠"라는 의견이 대부분이었다.

또한 막상 휴직이 결정되면 "어떻게 쉬면 좋을지 모르겠어요", "쉬는 시간에 뭘 해야 할지 모르겠어요"라는 사람이나 "휴직 기간을 살려서 자격증 공부를 하려고요", "해외여행을 가는 김에 영어 공부를 하고 오려고요"라는 사람, "그냥 쉬기만 하면 시간이 아까워요", "이 시간에 뭔가 이득이 되는 활동을 해야죠"라는 사람도 있다.

예전에 무척 품위 있는 옷차림에 잘 나가는 엘리트 같은 40대의 남성이 부인에게 이끌려 클리닉을 찾아온 적이 있다. 몸과 마음의 균형이 완전히 무너진 상태였다.

그는 선량하고 총명한 사람이었는데 "우선 휴식해서 충분히 쉬셔야 합니다"라는 충고를 하자, 처음에는 "1개월 안에 어떻게든 복귀하고 싶습니다"라며 "쉬는 시간에 영어 공부를 할 거예요"라고 말했다.

그에게 이렇게 말해주었다.

"영어 공부는 회사가 요구하는 가치를 높이는 일이지 당신이 진정 하고 싶은 일이 아닌 것 같습니다."

"누군가에 칭찬을 받거나 인정받는 것과는 관계없는, 스스로가 마음속으로 즐겁다고 느끼는 것을 찾아보세요. 논다는 건 그런 걸 말하는 거니까요."

회사나 회사가 요구하는 가치와는 관계없이 스스로가 진정 즐겁다고 느끼는 것, 편안한 생각이 드는 것은 무엇일까?

처음에는 명확하게 감이 잡히지 않은 것 같았지만 이윽고 그는 학생 시절의 취미였던 오토바이 여행을 시작했고 그것을 통해 가슴 뛰는 즐거움, 바람을 가르며 달리는 상쾌한 기분을 다시 느꼈고 "이제 곧 일터로 돌아가야 하는데 어쩐지 아쉬운 기분이 들어요"라고 할 정도가 되었다. 그가 이전부터 가지고 있었지만 깨닫지 못했던 감정, 진정 하고 싶었던 것을 알아차렸고, 그를 얽매어왔던 '타인의 가치관, 기준'에 숨통이 트였던 것이다.

그 후로도 한 달을 더 쉰 이후에 "덕분에 인생이 완전히 바뀌었어요"라면서 "이제 정말 괜찮을 것 같습니다. 그렇지만 혹시라도 앞으로 일이 맞지 않는다고 느껴지면 그만둘 거예요"라며 직장으로 복귀했다.

결국 그는 타인의 가치관, 기준과 스스로의 감각과 감정의 상태를 분리해서 생각하는 데 성공했다. 가장 이상적인 입장을 취하며 복귀한 것이다.

그는 이전과 동일한 퍼포먼스를 발휘하면서도 마음의 여유를 충분히 느끼고 있다고 했으며 그 후에 보다 좋은 조건의 직장으로 이동을 했다고 한다.

직장을 옮기는 상황에서도 "옮기려는 회사에 밸런스가 무너졌던 경험을 전해야겠다고 마음먹었고 그걸로 일이 성사되지 않으면 원래 인연이 없었다고 생각하려 했죠"라며 무척 평온하고 호탕하게 말했던 기억이 있다.

중년이 되면 직장에서의 책임감과 해야 할 일도 늘어나고 회사원이면 해야 할 일, 회사를 위한 희생은 당연하다는 가치관을 기반으로 실적을 쌓아온 사람도 많기 때문에 갑자기 휴식을 취하라고 권해도 금세 받아들이기는 힘들다.

그런 가치관이나 기준에 맞추어 성과를 거두어온 사람들에게 이제부터 휴식을 취하거나 즐거운 일을 하며 보내라는 말은 '이제까지 자신의 노력을 부정당하는' 것처럼 느껴질 수 있다.

그렇지만 '휴식'을 진지하게 생각해 보면, '그 누구를 위한 것이 아니라, 자신만을 충족시키기 위한 시간과 가치관'을 키우는 것이 진정 소중함을 알게 될 것이다.

'지금 자신이 기쁨을 느끼고 있는지, 불쾌한 감정에 휩싸여 있는지', '스스로 무엇을 진정 즐겁다고 느끼는지'라는 자신만의 감각이나 감정보다 '타인에게 유리한 가치관, 기준'을 우선시했기에 그들의 몸과 마음은 붕괴에 이를 정도로 혹사당해 왔다.

일정 기간 충분한 휴식을 통해 평상시에 자신을 얽매고 있던 가치관, 기준을 다시 재검토하면서 필요 없는 것은 버리고 그 내면에 잠들어 있는, 스스로가 진정 소중히 해야만 하는 것을 발견할 수 있을 것이다. 이를 통해 살아가는 방식을 전체적으로 바꿀 수 있는 가능성을 확인할 수 있다.

　인생의 주도권을 다시 되찾을 수 있는 커다란 기회가 되는 것이다. 대부분 '휴식'을 '도피'로 여기기 쉽지만, 오히려 휴식은 실험적이며 과감한 '공격'의 시도라고 판단해야 한다.

자신을 구원해 줄 콘텐츠를 발견해 낸다

이따금 "죽고 싶어 하는 사람을 어떻게 대하면 좋을까요?"라는 질문을 받을 때가 있다. 이 질문에 대한 의사의 모범답안은 "우선 죽지 않겠다는 약속을 받는다"이다.

의학부 수업과 국가시험에서도 그렇게 가르친다.

필자도 실제로 몇 번 그렇게 시도를 해본 적이 있다. 하지만 솔직히 말해서 그 약속은 별로 도움이 되지 않는다고 느꼈다.

그 사람이 살아가는 세계관의 고달픔, 가혹함을 생각했을 때 "의사인 제 체면을 봐서 죽지 않겠다는 약속을 해 주세요. 이 세상에서 계속 살아주세요"라는 요구는 너무나 잔인하고 주제넘다는 생각이 들었기 때문이다.

죽지 않았으면 좋겠다는 것은 어디까지나 말하는 사람의 편의에 따른 소망에 불과하다.

가령 상대방과 친밀한 관계를 맺고 있다 해도 그런 가혹한 약속을 받아들이는 담보물이 '나 자신'이라는 콘텐츠뿐이라면 분명 역부족일 것이다.

하지만 '이 사람이 있으니 살아도 좋지 않을까'라는 인간관계가 없는 사람이라 해도 콘텐츠의 힘을 빌려 살아가는 힘을 얻을수는 있다.

이전에 사춘기 때부터 계속 '죽고 싶다'는 마음을 품고 지냈던 후배가 있었다.

'다음에 만날 때까지는 죽지 않는다는 약속'을 했지만 그건 잠시 뒤로 미루자는 말을 들었다.

대화는 계속 헛도는 느낌이 들었지만 잡담을 이어나가다가 이전에 "드래곤 퀘스트의 예전 버전을 해본 적이 있어요"라고 했던 말이 기억나서 어느 순간 "이번에 드래곤 퀘스트 새 버전이 나오니까 그걸 함께 해 보자"라고 권해 보았다.

이윽고 "그건 좋아요"라며 약속을 받아낼 수 있었다.

그런 경험을 통해 세상에 있는 다양한 콘텐츠의 매력을 결집시키면 '죽음'에 다가가 있는 사람에게도 '살아도 괜찮은데'라는 생각을 조금은 갖게 할 수 있을 거라는 가능성을 느꼈다.

실제로 소설, 만화, 애니메이션, 게임과 같은 콘텐츠에 생명과 마음을 구원받는 사람이 많다.

예를 들면 어렸을 때부터 다자이 오사무太宰治의 『인간실격』 문고본을 항상 지니고 다니며 "이 소설 세계 속에 내가 있어"라고 했던 사람도 있었다.

가정이라는, 가장 안심할 수 있는 거처로서 기능해야 할 환경에서 어떤 안락함도 얻지 못한 사람이 무척 많다.

그런 환경 속에서는 앞으로 살아가는 지지대가 되어줄 사람과의 연계, 사회에 대한 신뢰감을 실감하기란 무척 어려운 일이다.

그 사람 역시 부모와의 관계에서 깊은 고민을 안고 있었다.

이 세상에서 살아가는 의미를 도저히 찾을 수 없었기에 『인간실격』이라는 작품 만이 세상과의 연결을 느끼게 해주는 유일한 존재였던 것이라고 추측할 수 있었다.

실생활에서 살아갈 수 있는 '안식처'를 발견하지 못했다 해도 작품이나 콘텐츠 속에서 안식처와 자신을 이해해 주는 존재를 찾을 수 있다.

"내가 느끼는 '고통'과 똑같은 모습이 이 작품에 그려져 있어요."
"이 이야기에 묘사되어 있는 건 바로 '나'예요."

이렇듯 콘텐츠와의 '연결'을 느끼며 어떻게든 이제까지 살아올 수 있었던 사람이 많다.

필자가 콘텐츠의 거리인 아키하바라에서 클리닉을 열었던 것도 그런 이유 중의 하나였다.

그리고 필자 역시 소중한 사람을 잃고 나서 괴로움이 커져서 무력감에 빠졌을 때 오로지 게임에 몰두함으로써 구원을 받은 경험이 있다.

작품 속에서 들려주는 말에 살아가는 지침을 얻었던 것이다.

콘텐츠가 사람을 구원한다

현대인은 일상적인 인간관계나 경제활동을 유지하는 것만으로도 방대한 양의 정보를 주고받아야만 한다.

그렇기에 조금이라도 부담감을 느끼면 금세 두뇌가 과부하되고 과거의 상처나 번거로운 인간관계, 미래에 대한 불안 등 불안정하고 어둡고 개운치 못한 느낌이 머릿속을 점령해 버린다.

하지만 작품의 세계관에 몰두함으로써 지금 당장 생각하고 싶지 않은 '불필요한 일'을 그 시간만큼은 떠올리지 않게 된다. 그야말로 '젖어드는' 감각을 통해 어떤 종류의 치유 효과를 볼 수 있다.

결국 당신도 반드시 스스로를 구원해 줄 수 있는 콘텐츠를 찾아주기를 바란다.

세상에는 빼어난 엔터테인먼트 천재들이 전력을 다해 만든 매력적인 콘텐츠가 넘쳐난다.

'지금은 그 어떤 것에도 흥미를 느끼지 못하는' 사람도 "매일 일 때문에 너무 바빠서 그런 걸 즐길 여유조차 없어요"라는 사람도 우선은 하루에 1분이라도 좋으니 '스스로 마음속으로 즐길 수 있는 것'을 찾는데 할애해주었으면 한다.

어쩌면 내일이라도 당신에게 충격을 안겨줄 콘텐츠와의 조우가 있을지 모른다. 그럼으로써 인생이 뒤집힐 정도로 극적인 변화가 찾아올 수도 있다.

극적인 수준의 변화가 아니라 해도 항상 마음속에 담아두었으면 하는 애착을 가져다줄 수도 있다.

어쨌든 그것은 당신이 마음속에서 필요하다고 느끼는 것이며 스스로의 기준으로 자신만의 이야기를 살아갈 때 큰 도움을 주거나 지침이 되어줄 것이다.

생명이 있는 모든 것은 보다 잘,
보다 강하게 살아갈 수 있도록
정해져 있다

 코로나 상황 이후 클리닉을 방문하는 사람들
이 안고 있는 고민의 내용이 조금씩 바뀌고 있다. 많은 사람이
외출을 꺼리는 상황에서 '같이 사는 가족, 배우자와의 갈등'으로
번민하는 사람이 늘어난 것이다.

지금까지 알아차리지 못했던, 혹은 보지 않으려 애썼던 갈등
이 긴 시간 동안 같은 공간에 있으면서 더욱 부각되었고 더 이상
은 간과할 수 없게 되었다.

가족관계처럼 친밀한 관계에서는 '상대와의 가치관이 맞지 않
는다는 사실'을 알게 된 시점이 진정한 회복의 시작이라 할 수
있다.

사람이 다른 이와의 차이를 받아들이고 함께 생활한다는 것은 무척 힘든 일이다.

시도와 오류를 반복하며 서로 편안하게 살 수 있는 거리감이나 관계성을 모색하면서도 그 사람과 함께 있고 싶은가? 아니면 애쓸 마음도 에너지도 없이 가능하다면 멀리 떨어져 있고 싶은가?

이런 고민에 대한 대답을 이끌어내기 위해서는 '내게 그 상대방은 어떤 존재인가?', '나는 상대방과 어떤 관계를 구축하고 싶은가?'를 명확히 해야 할 필요가 있다.

또한 재택근무가 확산됨으로써 '이제까지 내가 얼마나 직장의 인간관계에 스트레스를 껴안고 있었는지'를 깨닫게 되는 사람, 타인과 직접 만나거나 이야기하는 기회가 줄어들어서 쓸쓸함을 느끼고 자신이 얼마나 다른 사람과의 연결을 바라고 있는지, 스스로에게 중요한 상대가 누구인지를 알게 된 사람도 있다.

코로나라는 거대한 재해는 건강과 경제만이 아니라 사람 간의 '연결'에도 대단히 큰 영향을 초래했다. 현재 상황에서는 강제적으로 '심리적인 자리바꿈'을 하게 된 것이니 거리감을 잃거나 혼란에 빠지는 것은 자연스러운 일이다.

한편 '타인과의 연결법'을 다시 재검토하면서 자신에게 진정 소중한 사람은 누구인지, 가장 적합한 인간관계는 어떤 것인지를 생각해볼 수 있는 좋은 기회를 얻은 것이다.

그때 주목해야 하는 것은 바로 '유쾌, 불쾌'한 감각이다.

인간관계라면 상대에게 '이 사람은 좋아', '이 사람과 있으면 안심되네', '이 사람과 있으면 즐거워'라는 마음이 자연스럽게 생기는 경우는 유쾌함을 느끼고 있는 것이다.

기본적으로 유쾌함이 느껴지는 상대, 안심할 수 있는 상대와의 시간을 소중히 하고 언동이 불쾌하게 느껴지는 경우가 많은 상대와는 무리해서 함께 할 필요가 없다.

또한 인간관계에 한정되지 않고 인생이나 생활의 모든 면에서 '유쾌, 불쾌'한 감각을 정확히 파악하는 것은 자신의 기준에 기반하여 스스로의 이야기를 살아가기 위한 토대가 되어준다.

스스로에게 어떤 것이 유쾌하게 느껴지고, 어떤 상황이 불쾌하게 다가오는지를 알게 되면 스스로에게 필요한 것, 불필요한 것을 파악하게 되기 때문이다.

심리학자 모로토미 요시히코諸富祥彦는 미국의 임상심리학자 칼 로저스의 인생과 이론 형성의 과정을 해설한『칼 로저스 입문 : 내가 '내'가 된다는 것』에서 다음과 같이 말한다.

로저스에 의하면 꽃, 나무, 해초, 지렁이, 원숭이, 인간 모두 세상의 생명체는 스스로의 가능성을 실현하게끔 만들어져 있다. (중략) 풀어서 말하면 이 세상의 모든 '생명'이 있는 것은 원래 스스로에게 부여된 '생명의 작용'을 발휘해서 보다 좋게, 보다 강하게 살 수 있도록 정해져 있다는 것이다. 그 예로서 로저스는 그가 소년 시절에 보았던, 작은 창 하나만 뚫려 있는 지하실 저장고에 있던 감자를 사례로 든다. 지하 2미터 깊이에 있던 감자는 창문에서 새어 나오는 한 줄기 빛을 어떻게든 쬐어 보려고 60센티, 90센티나 싹을 틔웠다고 한다. 그곳에서 로저스는 생명의 본질을 보았다.

살아있는 모든 것은 스스로가 어떻게 성장해 가야 하는지 어디를 향해 가야 하는지를 본능적으로 안다고 로저스는 말한다.
그는 인간이 가진 가능성의 힘을 강하게 믿으며 성장을 방해하지 않는 환경을 만들어줄 것을 이론의 중심에 자리매김하였다.

안심감을 가지고
몸이 들려주는 말에 주목하라

필요한 물과 빛을 얻지 못하거나 물과 비료를 너무 많이 주어서 식물을 오히려 죽여버리는 것처럼, 주변 환경과의 관계 맺기가 어긋나서 본래의 가능성을 펼치지 못하는 사람이 있다. 그리고 인간에게 '가능성이 저해되지 않는 환경'의 토대가 되는 것은 바로 '안심감'이라 생각한다.

'안심감'이라는 토양이 있으면 자연스럽게 씨는 싹을 틔우고 가지를 펼쳐나간다. '안심감'은 신체적, 신경학적인 과정을 통해 느껴지는 감각이다.

'몸이 들려주는 말'이라는 표현처럼 인간은 스스로의 몸이 느끼는 유쾌, 불쾌의 감각을 통해 안심할 수 있는지를 판단하고 자신에게 좋은 것, 필요한 것을 알아내는 힘을 가지고 있다.

다만, 현대인이 몸이 들려주는 말을 듣는 행위는 간단한 일은 아니다.

몸이 들려주는 말보다 머리가 들려주는 말, 즉 머리로 생각하는 것만을 우선시하거나 머리가 '자신에게 좋다'고 판단한 것을 스스로에게 유쾌하다고 착각해 버리기 때문이다.

즉, 머리가 원하는 것과 몸이 원하는 것이 달라진다.

예를 들면 일을 너무 많이 하거나 업무의 내용이 맞지 않아서 몸이 그 한계를 호소하며 '아침에 일어나기 힘들어', '출근하려는데 구토 증세가 있다'와 같은 거절 사인을 보내고 있는데도, 머릿속으로 '월급을 받는데 일을 해야지', '인정받으려면 성과를 내야 해', '보람이 있는 업무니까 노력해야 해'라고 생각하며 계속 애쓴다면 몸이 들려주는 말을 무시하고 머리로 생각한 바를 우선시해 버리게 되는 것이다.

몸은 피곤함에 지쳐 어서 잠자리에 들어야 한다고 하는데도 머리가 자극이나 정보를 원하면서 스마트폰을 손에서 놓지 못한다면 결국 시간을 끌다 잠들지 못하는 상황이 되어 버린다.

함께 있어도 안심감이 들지 않으며 말과 행동에서 불쾌감을 느끼는 경우가 많고 진정 거리를 두어야 하는 상대인데도, '부모님인데 소중하게 여겨야 해', '사랑하는 사람이니까 함께 있어야지'라고 생각하는 것도 마찬가지이다.

몸은 항상 주위 상황을 판단하고 안심감을 느낄 때는 느긋해지며, 위험하다고 느껴질 때는 긴장하게 되어 있다.

긴장 상태는 몸과 마음에 큰 부담을 주며, 경계를 할 때는 큰 에너지를 소비한다. 불쾌한 정동靜動, affect은 몸에 일어나는 어떤 위험을 알아차리기 위해 발현되는데 이런 반응은 '자율신경'이 담당한다. 대단히 '동물적'이며 재빠르고 두뇌가 해내는 판단보다 오히려 더 정확하다.

또한 불쾌한 상태가 너무 오랫동안 지속되면 에너지가 고갈되고 몸은 에너지를 아끼기 위해 '부동 상태freeze mode'에 들어간다. 무저항, 무기력 상태가 되며 모든 자극에 대한 반응을 둔화시킴으로써 자신을 방어한다. 현실감각은 무뎌지고 '마음에 마취'를 함으로써 생존확률을 높이는 자율신경이 작용하기 때문이다.

"스스로 유쾌한지 불쾌한지 알 수 없다"는 사람은 이와 같은 부동 상태에 들어가 있는 경우가 적지 않다등교 거부와 같은 현상은 이런 방어적인 자율신경의 부동 반응이 높게 관여되어 있다고 지적된다.

물론 사회에서 살아가기 위해서는 두뇌로 사고하고 합리성과 효율성을 추구해 가는 것도 중요하다. 그러나 "두뇌로 이해할 수 있는 일이란 별것 아니다"라는 감각도 잊어서는 안 된다.

두뇌로 사고한 '옳은 일', '효율적인 일'을 너무 우선시하다 보면 오히려 자신이 '진정 원하는 것'을 알아차릴 수 없게 되는 경우가 많다.

두뇌로 '옳다', '효율적이다'라고 생각되는 것도 대부분은 사회 타인의 사고를 내재화해 버린 것이며 스스로의 진정하고도 실재적인 신체감각과 연결되어 있는 것은 아니다.

'사회적인 요구에 부응했다'는 일시적인 만족감은 얻을 수 있겠으나, 그것이 진정 스스로의 몸과 마음이 원하고 바라는 것이 아니라면 하나의 생명체로써 근원적인 충실감을 얻기 힘들다.

왜냐하면 인간은 '동물'이기 때문이다.

굳이 대비해서 말하자면 '인간'적인 사고와 '동물'적인 감각이 잘 조화되어 균형 잡힌 상태가 생명체로써 보다 건전하고 기능적이다.

그러나 애석하게도 현대인은 '사고'에 쏠려 버리기 쉽다.

몸이 들려주는 말을 듣는 법

그렇다면 내 몸이 들려주는 말을 듣기 위해서는 어떻게 해야할까?

효과적인 방법은 머리와 몸에게 휴식을 주기 위해 '여백의 시간을 만드는 것'이다. 특히 '심장이 두근거린다', '잠이 안 온다', '머리가 아프다', '구토기가 있다' 등은 '스트레스를 받고 있다', '이상태로는 불쾌하다'라는 몸이 보내는 메시지이므로 결코 무시하지 말고 대처를 해 주어야 한다.

하지만 업무가 바쁜 상황에서 몸이 신호를 보내는 경우에는 무조건 쉬어야 한다는 말을 들려주어도 저항감이 큰 것이 사실이다.

실제로 쉴 수 있는 시간이 주어져도 '시간이 생기면 그사이에 뭔가를 배워야지'라는 생각을 하는 사람도 적지 않다. 두뇌가 '이 휴식 시간을 효율적으로 활용해야 해'라고 판단해 버리기 때문이다.

그래서는 몸의 요구에 부응할 수 없다.

"어떻게 쉬어야 할지 모르겠어요"라는 사람은 일단 스마트폰을 집에 두고서 공원이나 하천 주변처럼 되도록 자연이 풍요롭고 조용한 장소로 가서 우선 한 시간이라도 좋으니 벤치에 앉아 다른 생각 없이 호흡을 해 보자.

가능하다면 심호흡도 해 보자. 발밑에서 올라오는 공기가 몸속으로 들어가면서 내 안의 모든 '싫어하는 것'과 함께 머리끝으로 분출되어 빠져나간다. 그런 이미지를 상상하며 시도해 보자.

그것만으로도 몸의 '모드 전환'을 실감하는 사람도 있다.

원래 몸이 원하는 것이 무엇인지를 감각적으로 알 수 있다면, 자신에게 큰 힌트를 가져다줄 것이다.

매일 잠깐이라도 몸을 위한 '여백의 시간'을 만들어간다면 점점 더 몸이 들려주는 말을 들을 수 있게 될 것이다.

그 감각을 취미, 식사 등 생활의 여러 방면으로 확장해 감으로써 '몸을 기쁘게 하는 방법'을 알 수 있게 된다.

그것은 신체적 감각으로서의 '안심감'을 느끼는 힘을 성장시키는 것으로 이어지며 '휴식'이 편해지고 능숙해진다.

무엇보다 자신의 감각을 신뢰할 수 있게 된다면 환경이나 인간관계에서 선택의 폭을 넓히고 스스로의 이야기를 살아갈 때 무척 큰 힘이 되어줄 것이다.

그리고 마지막으로,

이 책에서 필자가 전하려는 내용이 당신의 '안심감'의 토양을 키우는데 약간이라도 도움이 되기를, 스스로가 품고 있던 가능성을 발휘하는 데 보탬이 되기를 절실히 바란다.

참고 살 만큼 인생은 길지 않다

초판 1쇄 인쇄일 2023년 6월 10일 • 초판 1쇄 발행일 2023년 6월 15일

지은이 스즈키 유스케 • 옮긴이 박연정

펴낸곳 도서출판 예문 • 펴낸이 이주현

디자인 넥스트씨

등록번호 제307-2009-48호 • 등록일 1995년 3월 22일 • 전화 02-765-2306

팩스 02-765-9306 • 홈페이지 www.yemun.co.kr

주소 서울시 강북구 도봉로37길 28, 3층

ISBN 978-89-5659-466-8 03320